Os seis chapéus do pensamento

Edward de Bono

Os seis chapéus do pensamento

O método mundialmente consagrado de tornar o debate de idéias mais organizado, rápido e produtivo

Sextante

Título original:
Six Thinking Hats

tradução
William Lagos

preparo de originais
Valéria Inez Prest

revisão
Damião Nascimento e Tereza da Rocha

projeto gráfico e diagramação
DTPhoenix Editorial

capa
Miriam Lerner

pré-impressão
ô de casa

impressão e acabamento
Cromosete Gráfica e Editora Ltda.

CIP-BRASIL. CATALOGAÇÃO-NA-FONTE
SINDICATO NACIONAL DOS EDITORES DE LIVROS, RJ

D339s De Bono, Edward, 1933-
Os seis chapéus do pensamento / Edward de Bono; [tradução William Lagos]. – Rio de Janeiro: Sextante, 2008.

Tradução de: Six thinking hats
ISBN 978-85-7542-357-8

1. Pensamento criativo. 2. Criatividade. I. Título.

CDD: 153.42
08-0014 CDU: 159.955

Rua Voluntários da Pátria, 45 – Gr. 1.404 – Botafogo
22270-000 – Rio de Janeiro – RJ
Tel.: (21) 2286-9944 – Fax: (21) 2286-9244
E-mail: atendimento@esextante.com.br
www.sextante.com.br

Sumário

Prefácio

O PENSAMENTO É O PRINCIPAL recurso do ser humano. E jamais devemos nos sentir satisfeitos com nossa principal habilidade. Não importa a que grau de excelência tenhamos chegado, o ideal é querermos sempre melhorar. Em geral, as únicas pessoas que se dão por satisfeitas com essa capacidade são aquelas que têm um raciocínio pobre, ou seja, que acreditam que o propósito do pensamento é demonstrar que elas estão certas – para seu próprio contentamento. No entanto, se cultivarmos uma visão limitada do que o pensamento é capaz de fazer, ficaremos convencidos de que somos excelentes em determinada área e não tentaremos alcançar excelência em outros campos.

O que mais dificulta o pensamento é a confusão, pois ele envolve muitos aspectos ao mesmo tempo. Emoções, informações, lógica, esperança e criatividade – tudo isso fica emaranhado dentro de nós. É como se estivéssemos tentando fazer malabarismo com um número excessivo de bolas.

O que eu recomendo por meio deste livro é um conceito simples, que nos permite executar uma coisa de cada vez. Passamos a ser capazes de separar a emoção da lógica, a criatividade da informação, e assim por diante. Esse é o conceito dos seis chapéus do pensamento. Quando colocamos um deles, estamos definindo determinado tipo de pensamento.

O Método dos Seis Chapéus nos permite conduzir o pensamento do mesmo modo que um maestro rege uma orquestra. Podemos chamar livremente o instrumento que quisermos. De forma similar, em qualquer reunião, é muito útil fazer com que as pessoas saiam das suas trilhas habituais para que possam pensar de forma diferente sobre o assunto em pauta.

É a própria *conveniência* desse método que confere o principal valor a esse conceito.

Algumas pessoas se mostram desconfiadas em relação aos chapéus e às suas cores porque esses elementos não lhes parecem coisas sérias nem complicadas o suficiente para dar resultado (há sempre aqueles que adoram a complexidade). Na prática, a simplicidade nunca foi um problema. Logo fica claro que os chapéus e as cores funcionam meramente como cabides mentais, pois temos muito mais facilidade de nos lembrar deles do que de termos psicológicos rebuscados.

Nota sobre o chapéu preto

Decidi escrever esta nota especial para evitar erros de interpretação quanto ao chapéu preto. Ele não deve ser considerado ruim. Pelo contrário, é o mais valioso e, certamente, o mais usado de todos os chapéus. Utilizá-lo significa ser cuidadoso e precavido. Esse chapéu aponta dificuldades, perigos e problemas potenciais. Graças à sua ação, evitamos riscos para nós mesmos, para outras pessoas e para a comunidade. No Ocidente, a tendência é empregá-lo com uma ênfase constante no pensamento crítico e na precaução. Ele previne erros, excessos e atitudes tolas.

Introdução

UM ANTÍLOPE PASTANDO NA África escuta um som através da savana. Imediatamente, todos os seus centros neuronais destinados a detectar o perigo são ativados, e o leão é reconhecido assim que se destaca da vegetação. Graças a isso, o antílope consegue escapar. Esse mecanismo de sensibilização constitui um elemento-chave na maneira como o cérebro funciona e explica por que ele é tão eficiente. Não é possível tornar esse órgão sensível a diferentes direções simultaneamente. É isso que torna o Método dos Seis Chapéus essencial. Ele permite ao cérebro maximizar sua sensibilidade em relação a questões diversas em momentos distintos, nunca ao mesmo tempo.

Argumento versus pensamento paralelo

A idéia básica que orienta o pensamento ocidental foi projetada há cerca de 2.300 anos por um trio de filósofos gregos – Sócrates, Platão e Aristóteles – e se fundamenta na discussão.

Sócrates deu grande ênfase à dialética e à argumentação. Em 80% dos diálogos de que ele participa (como foram escritos por Platão) não se chega a nenhum resultado construtivo. Para Sócrates, seu papel era simplesmente demonstrar o que estava "errado". Ele se propunha a esclarecer o emprego correto de conceitos como justiça e amor indicando as utilizações inapropriadas desses termos.

Platão acreditava que a verdade "final" era escondida pelas aparências. Sua célebre analogia para isso é a de uma pessoa acorrentada em uma caverna (de costas para a entrada), de tal maneira que ela só consegue ver a parede do fundo. Existe uma fogueira acesa diante da entrada da caverna. Cada vez que alguém entra ali, sua sombra é projetada contra a parede do fundo, e isso é tudo o que o prisioneiro acorrentado é capaz de ver. Platão utilizava essa analogia para salientar que, ao longo da vida, só conseguimos enxergar as "sombras" da verdade.

Aristóteles sistematizou a lógica da inclusão/exclusão. A partir de nossas experiências anteriores, criamos "caixas", isto é, definições, categorias ou princípios. Quando estamos diante de alguma coisa nova, julgamos a qual caixa ela pertence. Mas ela só pode estar dentro ou fora da caixa. Não pode ficar metade dentro e metade fora nem em nenhum outro lugar.

O resultado disso é que o pensamento ocidental está associado com "o que é", e isso é determinado por análise, julgamento e argumentação.

Esse sistema é muito bom e bastante útil. No entanto, existe outro aspecto do pensamento que se relaciona com "o que pode ser" – é aquele que envolve o pensamento construtivo, o pensamento criativo e "o projeto de um caminho para a frente".

Em 1998, pediram-me que fizesse o discurso de abertura da Convenção Constitucional Australiana, cuja atenção estava dirigida para o futuro da federação. Eu contei a história que reproduzo a seguir.

"Era uma vez um homem que pintou um lado do seu carro de branco e o outro de preto. Seus amigos lhe perguntaram por que ele havia feito uma coisa tão estranha. Ele respondeu: 'Porque vai ser muito divertido, caso eu venha a sofrer um acidente, escutar as testemunhas se contradizendo no tribunal.'"

No fim da convenção, o presidente do evento, Sir Anthony Mason, me disse que passaria a usar essa história porque são muito comuns os casos de discussões em que ambos os lados estão certos, mas olhando para aspectos diferentes da situação.

Em muitas culturas, talvez até mesmo na maioria delas, a discussão é considerada algo agressivo, pessoal e não construtivo. Essa é a razão por que tantas sociedades têm facilidade em adotar o pensamento paralelo do Método dos Seis Chapéus.

Um mundo em transformação

Um sistema de pensamento baseado na argumentação é excelente, do mesmo modo que a roda dianteira esquerda de um automóvel é excelente. Não há nada de errado com ela. Mas não é suficiente.

Um médico está tratando uma criança que apresenta pontos vermelhos na pele. De cara ele pensa em algumas possíveis "caixas". Serão queimaduras de sol? Alergia a algum alimento? Sarampo? Depois de examinar os sinais e sintomas, ele faz um julgamento. Se sua decisão for a de que aquele problema é compatível com a caixa do "sarampo", basta recorrer ao tratamento para essa doença, que está escrito do lado de fora da "caixa", e saberá exatamente o que fazer. Esse é o pensamento tradicional em sua melhor forma.

A partir de experiências anteriores, criamos uma série de situações-padrão. Avaliamos com que "caixa de situação-padrão" um novo acontecimento é "compatível". Assim que completamos esse julgamento, o curso de ação fica claro.

Esse sistema funciona muito bem em um mundo estável, onde as situações-padrão do passado continuam a valer. No caso de um mundo em transformação, porém, essas situações podem ter deixado de ser aplicáveis.

Em vez de julgarmos o caminho que temos à frente, temos que *projetar* nosso caminho nessa direção. Precisamos pensar sobre "o que pode ser", e não simplesmente sobre "o que é".

No entanto, a tradição básica do pensamento ocidental (ou de qualquer outro) não nos forneceu um modelo simples para o pensamento construtivo. E foi precisamente para isso que elaborei o Método dos Seis Chapéus (o pensamento paralelo).

O que é o pensamento paralelo?

Imagine uma casa de campo grande e bonita. Há quatro pessoas diante dela: uma na parte da frente, outra nos fundos e outras duas nas laterais. São quatro observadores com visões diferentes da mesma residência. Eles estão se comunicando por meio de um dispositivo eletrônico, e cada um deles afirma que o aspecto que está contemplando é a visão correta da casa.

Agora, vamos empregar o pensamento paralelo: os quatro indivíduos caminham juntos ao redor da residência e olham para sua fachada, prosseguem até uma das laterais, depois se deslocam até à parte de trás e, por fim, observam a outra lateral. Desse modo, a cada momento, cada uma dessas pessoas está olhando paralelamente para a casa a partir do mesmo ponto de vista.

Esse procedimento é quase o oposto exato do pensamento argumentativo, adversário e confrontador em que cada parte assume uma visão contrária. No exemplo da casa, uma vez que todas as pessoas observam todos os seus lados, ela é explorada de forma completa. Portanto, pensar paralelamente significa que, em todos os momentos, todas as pessoas estão olhando na mesma direção.

Mas o pensamento paralelo vai além disso. No pensamento tradicional, quando duas pessoas discordam, instala-se uma discussão em que cada uma delas tenta provar que a parte oposta está errada. No pensamento paralelo, ambos os pontos de vista, não importa quão contraditórios sejam, são considerados da mesma forma. Se, mais tarde, for imprescindível optar por uma dessas posições, uma tentativa de escolha será feita. Caso não seja possível tomar uma decisão por uma ou por outra, o projeto terá que incluir ambas as possibilidades.

Em todos os momentos, a ênfase é dada à projeção de um caminho para a frente.

As direções e os chapéus

A essência do pensamento paralelo é que, a cada momento, todos estão olhando na mesma direção – porém é possível mudar essa direção. Podemos pedir a um explorador que olhe para o Norte ou para o Leste. Esses são rótulos padronizados para indicar direções geográficas. Do mesmo modo, precisamos de rótulos de direção para orientar o pensamento. Quais são os diferentes pontos para os quais as pessoas podem ser convidadas a olhar?

É nesse ponto que entram os chapéus.

Em muitas culturas já existe uma forte associação entre o pensamento e os "chapéus do pensamento", ou os "bonés do pensamento". O valor de um chapéu como símbolo é o fato de ele indicar o desempenho de uma função. Dizemos que as pessoas estão agindo em consonância com um chapéu de determinada cor. Outra vantagem é que esse acessório pode ser colocado e tirado com facilidade. Além disso, é visível para todos os que estão próximos. Esses foram os motivos que me levaram a escolher o chapéu como representação das direções que o pensamento pode tomar.

Embora chapéus de verdade sejam usados de vez em quando nas reuniões, em geral eles são apenas imaginários. No entanto, cartazes com ilustrações desses adereços costumam ser afixados às paredes das salas de reuniões como um lembrete das direções. Os chapéus são representados em seis cores diferentes que correspondem às seis direções que o pensamento pode tomar: branco, vermelho, preto, amarelo, verde e azul.

Os chapéus são direções, e não descrições

É muito importante entender que os chapéus indicam direções, e não descrições do que aconteceu. Não é uma questão de cada participante dizer do que gosta e depois usar o chapéu para descrever o que acabou de ser dito. Trata-se de começar a pensar nessa direção.

"Vamos agora empregar o pensamento do chapéu branco" significa enfocar intencionalmente informações. Todos os participantes devem, portanto, tentar pensar sobre os dados que estão disponíveis e os que precisam obter, as perguntas que devem formular, outras formas de conseguirem informações, etc.

"Quero o pensamento de chapéu vermelho de vocês sobre isso" é uma solicitação direta para que os presentes manifestem sentimentos, intuições e emoções referentes a determinada questão.

"Esse foi um bom pensamento de chapéu preto, mas agora vamos passar para o pensamento de chapéu amarelo..." Nesse caso, a expressão "chapéu preto" descreve um tipo de pensamento que parece ser cauteloso e dá a impressão de apontar para eventuais dificuldades, porém a intenção principal é pedir uma troca na direção do chapéu amarelo (benefícios, valores, etc.).

Talvez você considere este comentário banal, mas é extremamente importante observar a diferença entre descrição e direção. A descrição diz respeito a algo que já ocorreu, enquanto a direção está voltada para aquilo que está por acontecer.

"Quero que você olhe para o Leste" é uma declaração muito diferente de "Você estava olhando para o Leste".

"Prepare um prato de ovos mexidos" não é a mesma coisa que "Estou vendo que você preparou um prato de ovos mexidos".

Os chapéus não são descrições de pessoas

É possível criar testes para determinar se a personalidade de um indivíduo é do tipo A ou B, bem como formular qualquer outro tipo de avaliação descritiva. Os psicólogos estão sempre fazendo isso. A dificuldade é que, assim que as pessoas são colocadas dentro de "caixas", elas tendem a permanecer ali e não sair mais. Novamente, temos um exemplo "do que é" em vez "do que pode ser".

Em uma corrida, um homem magro pode em geral vencer um homem gordo ("aquilo que é"). Mas, se o gordo aprender a andar de bicicleta, é ele quem vai ganhar a disputa ("aquilo que pode ser").

Há quem sinta uma enorme tentação de usar os chapéus para descrever ou categorizar os outros, empregando frases como "Você é do tipo chapéu preto" ou "Ele é um chapéu verde". Isso tem que ser evitado. Os chapéus não são descrições de pessoas, e sim modos de comportamento.

É verdade que alguns indivíduos se mostram sempre cautelosos e inclinados a procurar perigos ao seu redor. Da mesma forma, existem aqueles que estão permanentemente fervilhando de idéias, enquanto outros são excelentes em se concentrar nos fatos. As pessoas têm suas preferências por determinados tipos de comportamento. E podem ser melhores em um modo de agir do que em outro. Ainda assim, os chapéus não foram projetados para discriminá-las por categorias.

Se você estiver dirigindo um carro com câmbio manual, usará todas as marchas. No motor do automóvel, todos os cilindros estarão ligados e em funcionamento. Os chapéus são direções para o pensamento. Uma pessoa deve ser capaz de olhar em todas as direções; se não for, precisa desenvolver essa habilidade.

Portanto, é perigoso usar os chapéus como rótulos, pois isso destrói a intenção principal do sistema, que é fazer com que todos olhem em todas as direções.

Observação sobre o uso dos chapéus do pensamento

Quando as pessoas me dizem que estão aplicando o Método dos Seis Chapéus, costumo perguntar como elas estão fazendo isso. Algumas vezes, descubro que estão empregando essa técnica de modo incorreto. Por exemplo: em uma reunião, um participante é escolhido para ser aquele que usará o pensamento de chapéu preto, outro manifestará o pensamento de chapéu branco, e assim por diante. Isso significa que esses indivíduos permanecem nessas funções durante toda a reunião, o que é quase exatamente o oposto da forma como o método deve ser colocado em prática. A intenção do pensamento paralelo é fazer com que a experiência e a inteligência de *todos* os presentes sejam utilizadas em cada uma das direções *ao mesmo tempo*. Assim, todo o grupo tem que usar o chapéu preto na hora determinada para isso. Da mesma forma, deve colocar o chapéu branco no momento especificado. Isso é o pensamento paralelo, e esse é o processo que emprega ao máximo a experiência e a inteligência de cada um dos participantes.

Exibição

Muitas pessoas já me disseram que gostam de discussões porque, por meio delas, podem mostrar ao máximo sua sagacidade. São capazes de vencer discussões e demolir seus opositores. Nada disso é muito construtivo, mas pode ser que os seres humanos tenham necessidade de se exibir.

Por causa disso, a "exibição" não é excluída do pensamento paralelo, ou do Método dos Seis Chapéus. Nesse caso, porém, a pessoa se exibe demonstrando quantas considerações ela é capaz de formular sob a direção do chapéu amarelo, quantas sob a orientação do chapéu preto, etc. Ela se destaca desempenhando bem a função de pensar ou cumprindo-a melhor do que os demais participantes da reunião. A diferença é que esse tipo de exposição pessoal é construtivo. O ego não se encontra mais atado à necessidade de estar sempre certo.

Como participar do jogo

Existem diversos tipos de abordagens destinadas a modificar a personalidade das pessoas. Acredita-se que, se dissermos a um indivíduo qual é o seu tipo de personalidade ou se apontarmos uma de suas fraquezas, ele vai procurar compensar essa limitação. Mas esses métodos em geral são lentos e ineficazes.

Depois de classificadas e colocadas em determinada "caixa", ou categoria, as pessoas podem tentar compensar uma deficiência. Contudo, esse esforço faz com que elas se lembrem "daquilo que são" e assim acabam mergulhando ainda mais fundo nessa categoria.

Desde a época de Freud, vem sendo dada ênfase à análise: descubra as verdades profundas e as reais motivações para os atos. A abordagem de Confúcio era praticamente oposta a essa – ele preferia destacar o comportamento a focalizar a personalidade. Por isso era categórico ao recomendar às pessoas que adotassem sempre a conduta correta com colegas, subordinados, superiores e familiares. Confúcio não tinha o menor interesse na personalidade nem na composição psicológica.

O Método dos Seis Chapéus adota a abordagem confuciana, e não o sistema analítico. As regras de comportamento são expostas. As pessoas têm que segui-las. Se um indivíduo é agressivo, ninguém tentará torná-lo menos hostil. No entanto, caso o chapéu amarelo esteja em uso, por exemplo, essa pessoa deverá direcionar sua agressividade no sentido representado por esse chapéu.

Como é aplicado diretamente ao comportamento, o Método dos Seis Chapéus é muito mais eficiente, rápido e fácil de aceitar do que os sistemas destinados a modificar a personalidade.

O aspecto lúdico desse método é muito importante. Quando um jogo está em andamento, qualquer participante que não obedeça às regras estabelecidas é considerado não cooperativo. Por exemplo: se for decidida a troca do modelo do chapéu preto (cautela) para o estilo do chapéu amarelo (possíveis benefícios) e um participante insistir em mencionar os perigos potenciais, ele passa a ser visto como alguém que se recusa a tomar parte do jogo. Fazer com que as pessoas "participem do jogo" é uma forma muito eficaz de modificar seu comportamento.

Resultados

Os resultados do emprego do Método dos Seis Chapéus foram se tornando cada vez mais claros ao longo dos anos. Eles se baseiam no feedback de muitas fontes e são agrupados em quatro categorias que sintetizo a seguir.

Poder

O Método dos Seis Chapéus permite que a inteligência, a experiência e os conhecimentos de todos os membros do grupo sejam inteiramente utilizados, pois cada um deles está olhando na mesma direção e trabalhando com um objetivo idêntico.

Um ímã é poderoso porque todas as suas partículas são alinhadas na mesma direção. Isso não ocorre no caso de uma discussão livre. No modo argumentativo (como em um tribunal de justiça), o propósito de cada parte é vencer o debate. Se um dos envolvidos pensa em um aspecto que possa beneficiar a outra pessoa, esse ponto nunca é mencionado. Como você viu, o objetivo é vencer, e não explorar honestamente a questão.

É absurdo que alguém omita informações ou não mencione um ponto de vista porque sua revelação teria a capacidade de enfraquecer o argumento que essa pessoa defende. Quando seu foco é devidamente dirigido, os raios do sol conseguem derreter o mais forte dos metais. Do mesmo modo, a concentração das habilidades mentais de muitas pessoas em um problema permite que ele seja resolvido com muito mais facilidade.

Economia de tempo

Certa vez, a empresa Optus, da Austrália, destinou quatro horas à realização de um importante debate. Com a aplicação do Método dos Seis Chapéus, essa discussão foi concluída em 45 minutos.

Costumo receber relatórios provenientes de todos os pontos do planeta demonstrando que as reuniões de equipes empresariais se tornam significativamente mais rápidas quando o Método dos Seis Chapéus é empregado. Esses eventos passam a consumir apenas a metade, um terço ou um quarto do tempo que lhes era destinado antes. No caso da AAB – empresa de energia e automatização presente em mais de 100 países –, as reuniões agora levam somente a décima quinta parte do tempo que absorviam antes. Essa organização costumava perder 30 dias com debates de equipes sobre seu projeto multinacional. Com a utilização do pensamento paralelo, esse tempo se reduziu para dois dias.

Nos Estados Unidos, os gerentes passam cerca de 40% do seu tempo em reuniões. Se o Método dos Seis Chapéus reduzir 75% de todo o tempo gasto com esses eventos, isso equivale a ampliar em 30% o tempo disponível para as atividades gerenciais – sem nenhum custo extra.

No contexto do pensamento comum, ou argumentativo, quando uma pessoa diz alguma coisa, alguém deve responder – ainda que seja só por educação. Mas essa atitude não se aplica quando se trata do pensamento paralelo. Nesse caso, cada um dos indivíduos está olhando na mesma direção em todos os momentos. Os pensamentos são expostos paralelamente. Ninguém *responde* ao que a última pessoa falou, apenas *acrescenta uma idéia* ao lado de outra. Assim, o assunto é explorado em sua totalidade e com rapidez.

Em geral, quando dois pontos de vista conflitam, instala-se uma discussão em torno deles. No caso da aplicação do pensamento paralelo, no entanto, as duas visões que se opõem são expostas lado a lado. Mais tarde, se for necessário decidir entre elas, uma escolha será feita. Mas desse modo não surge um debate a cada etapa.

A remoção do ego

Talvez o principal obstáculo ao pensamento rápido e eficiente seja justamente o ego – as pessoas tendem a se valer do pensamento como um veículo para exibi-lo. Assim, o utilizam para atacar e derrotar outros indivíduos, impor opiniões e demonstrar esperteza e inteligência, ou seja, para expressar antagonismos pessoais.

Existem pessoas que decidem discordar de uma opinião somente para mostrar que podem superar quem apresentou aquele ponto de vista. Se fosse outro indivíduo que tivesse expressado aquela mesma idéia, elas concordariam integralmente com ele. Em geral, nós mesmos não percebemos até que ponto o ego pode obstruir um pensamento eficiente.

Durante as deliberações de jurados, é comum aparecerem duas personalidades que se recusam a concordar uma com a outra, sejam quais forem as provas apresentadas. Alguns juízes já me disseram que esse é um problema muito mais grave do que a maioria das pessoas imagina. Não resta dúvida de que esse tipo de conduta destrói os valores básicos do sistema de júri. Por esse motivo, muitos países vêm demonstrando interesse em treinar jurados no Método dos Seis Chapéus. Isso encurtaria o tempo despendido com as deliberações.

Enquanto o pensamento confrontador exacerba a questão do ego, o pensamento orientado pelo Método dos Seis Chapéus acaba com esse problema, pois permite que o indivíduo satisfaça os impulsos do seu ego por meio de um bom desempenho como pensador cada vez que utiliza um dos chapéus.

O Método dos Seis Chapéus torna possível a exploração neutra e objetiva de uma questão – o sistema argumentativo não propicia isso.

Uma coisa de cada vez

A confusão é a maior inimiga do pensamento, pois tentamos fazer muitas coisas ao mesmo tempo. Procuramos informações. Buscamos novas idéias e opções. Temos que ser cautelosos. Queremos encontrar benefícios. Somos afetados por nossos sentimentos.

Fazer malabarismo com seis bolas é muito difícil. Jogar uma única bola para o alto e apanhá-la de volta é bem mais fácil.

Com o Método dos Seis Chapéus fazemos somente uma coisa de cada vez. Há o momento de procurarmos perigos ocultos (chapéu preto), o de perseguirmos novas idéias (chapéu verde), o de buscarmos informações (chapéu branco), e assim por diante. Não tentamos executar tudo isso ao mesmo tempo.

Nas impressões em cores, cada cor é impressa separadamente, uma de cada vez; no fim, completa-se o efeito do colorido múltiplo. É o que acontece com o Método dos Seis Chapéus – realizamos as ações de forma individual e, no fim, vemos a totalidade do quadro.

Por trás de tudo isso se encontra a necessidade fisiológica absoluta de separar os tipos de pensamento. O processo químico que torna o cérebro sensível à identificação de perigos é diferente daquele que o torna sensível ao reconhecimento de benefícios.

Se você estiver em um grande estacionamento e disser a si mesmo que observe carros amarelos, então subitamente todos os veículos nessa cor vão sobressair diante dos seus olhos. Esse é um exemplo de sensibilização.

Não é possível despertar a sensibilidade do cérebro para diferentes direções ao mesmo tempo. Por isso, se tentarmos ativar todos os aspectos do pensamento simultaneamente, nosso desempenho será menos do que ótimo em todos eles.

Todos os pontos mencionados nesta seção são óbvios e lógicos – nenhum deles está envolto em mistério. Quando o Método dos Seis Chapéus é utilizado, suas vantagens logo ficam evidentes. Em vez de demorados debates impulsionados pelo ego, realizam-se agora reuniões construtivas, produtivas e muito mais rápidas.

As pessoas não escolhem a discussão porque esse é o método de sua preferência. Elas simplesmente não conhecem outro meio de agir. O Método dos Seis Chapéus fornece um caminho alternativo.

CAPÍTULO

1

Seis chapéus, seis cores

CADA UM DOS SEIS CHAPÉUS do pensamento tem sua cor: branco, vermelho, preto, amarelo, verde e azul. É a cor que lhes dá nome.

Eu poderia ter escolhido nomes gregos de tom erudito para indicar o tipo de pensamento correspondente a cada chapéu. Provavelmente isso causaria uma boa impressão e até agradaria a algumas pessoas. Mas teria pouco valor prático, pois seria difícil nos lembrarmos desses nomes.

Minha intenção é fazer com que as pessoas *visualizem* e imaginem os chapéus como se eles fossem verdadeiros. Para que isso aconteça, a cor é importante. De que outro modo elas poderiam distingui-los facilmente? Formatos diferentes também não seriam fáceis de memorizar e causariam confusão. Além disso, a cor de cada chapéu está relacionada com sua função.

Chapéu branco – O branco é neutro e objetivo. O chapéu branco está relacionado a fatos e números objetivos.

Chapéu vermelho – O vermelho indica cólera, raiva e outras emoções. O chapéu vermelho apresenta a visão emocional.

Chapéu preto – O preto é sombrio e sério. O chapéu preto está vinculado à cautela e ao cuidado. Aponta para os pontos fracos de uma idéia.

Chapéu amarelo – O amarelo é ensolarado e positivo. O chapéu amarelo é otimista e está associado à esperança e ao pensamento positivo.

Chapéu verde – O verde é a cor da grama, da vegetação e de todo crescimento fértil e abundante. O chapéu verde sugere criatividade e novas idéias.

Chapéu azul – O azul é sereno e também é a cor do céu, que está acima de qualquer outra coisa. O chapéu azul refere-se ao controle, à organização do processo de pensamento e à ordem de utilização dos demais chapéus.

Se você se lembrar da cor e das associações de cada chapéu, recordar-se da função deles será algo automático. Pense também em três pares de chapéus:

branco e vermelho,
preto e amarelo e
verde e azul.

Na prática, os chapéus são *sempre* mencionados por suas cores e *nunca* por suas funções. Há uma boa razão para isso. Se você pedir a alguém que descreva sua reação emocional diante de determinado fato, é improvável que receba uma resposta honesta, porque as pessoas acreditam que é errado manifestar as emoções. Mas a expressão *chapéu vermelho* é neutra. É muito mais fácil sugerirmos a alguém que "tire o chapéu preto por um momento" do que dizer a essa pessoa que pare de ser cautelosa. A neutralidade das cores permite que os chapéus sejam usados sem embaraço. Pensar se transforma em um jogo com regras definidas em vez de uma questão de persuasão e condenação. Os chapéus são citados diretamente:

"Quero que você tire o chapéu preto agora."

"Por alguns minutos, vamos colocar o chapéu de pensamento vermelho."

"Isso é muito bom para o pensamento de chapéu amarelo. Agora vamos usar o chapéu branco."

Quando você estiver lidando com pessoas que não leram este livro e não conhecem o simbolismo dos seis chapéus do pensamento, utilize as explicações que acompanham as cores para informá-las rapidamente sobre as características de cada chapéu. Mas prossiga dando a elas um exemplar deste livro. Quanto mais difundido for o código idiomático, mais eficiente se tornará seu uso. Por fim, você será capaz de se sentar à mesa para discutir qualquer assunto e colocar e tirar os "chapéus" com a maior naturalidade.

CAPÍTULO

2

Como usar os chapéus

HÁ DUAS MANEIRAS BÁSICAS de aplicar este método. Os chapéus podem ser utilizados tanto em uma cor individualmente – quando o objetivo é solicitar determinado tipo de pensamento – quanto em seqüência, para explorar um tema ou resolver um problema em particular.

Uso individual

No emprego individual, os chapéus são utilizados como símbolos quando se deseja solicitar um tipo específico de pensamento. No decorrer de uma conversa ou discussão, pode-se atingir um ponto em que seja necessário oferecer outras opções:

> *"Acho que agora precisamos de um pouco do pensamento de chapéu verde."*

Mais adiante, ainda na mesma reunião, um novo curso de ação pode ser sugerido:

> *"Talvez seja interessante usarmos um pouco o chapéu preto com relação a isso."*

É essa própria artificialidade dos chapéus que lhes dá sua grande força. Sem eles, nossas solicitações para que alguém modifique sua forma de pensar são ao mesmo tempo fracas e pessoais:

"Não seja tão negativo."

"Precisamos agora de um pouco de criatividade."

Certa vez tive a oportunidade de observar como o presidente de uma empresa de seguros, Ron Barbaro, interagia com os executivos. Depois que ele sugeria uma idéia, aqueles que estavam à sua volta costumavam fazer uma série de advertências, como "Os corretores podem não gostar disso", "Isso pode ser arriscado", "Isso pode ser ilegal"... Barbaro escutava atentamente e, em seguida, dizia: "Sim. Todos esses são ótimos pensamentos de chapéu preto. Agora vamos experimentar o chapéu amarelo."

No Japão, considera-se falta de educação criticar qualquer coisa que um supervisor diga. Os chapéus constituem um sinal de neutralidade que permite a apresentação de comentários cautelosos:

"Sr. Suzuki, eu gostaria de mostrar um pouco do pensamento de chapéu preto."

O chapéu vermelho fornece uma oportunidade única para identificar os sentimentos, as emoções e as intuições dos outros. As pessoas não costumam manifestar seus sentimentos em reuniões, e, para um gerente, é difícil solicitar a seus colaboradores que façam isso. Mas a formalidade e a neutralidade do chapéu vermelho tornam possível pedir a um indivíduo que expresse seus sentimentos sobre determinado assunto.

O chapéu amarelo propicia a oportunidade de fazer com que as pessoas procurem valores. Uma idéia pode ser imediatamente descartada porque, à primeira vista, apresenta poucos pontos positivos e muitas desvantagens. Depois de uma dose de pensamento de chapéu amarelo dirigido, no entanto, ela pode se revelar uma fonte de muitos benefícios.

"Essa idéia não parece muito promissora... Mas vamos examiná-la usando o chapéu amarelo por um tempo."

Em geral, é mais fácil encontrar perigos do que vantagens. Sob a orientação do chapéu amarelo, porém, somos capazes de ter excelentes insights. Algo que não parecia promissor talvez tenha uma grande qualidade que nos havia passado despercebida.

O chapéu branco fornece um meio de levar as pessoas a separar as informações puras daquilo que é seu julgamento ou sua opinião. A formalidade desse chapéu faz com que elas se atenham exclusivamente aos fatos.

Você (ou o presidente ou o facilitador da reunião) não precisa especificar um chapéu cada vez que se manifestar. Os chapéus existem para serem utilizados como um meio formal de solicitar determinado tipo de pensamento. Assim que são treinadas a usá-los, as pessoas sabem exatamente como responder. Em vez de um pedido geral e vago do tipo "Pense nisto", existe agora um meio preciso de requerer uma forma de pensamento em particular.

Uso seqüencial

Os chapéus também podem ser aplicados um após o outro em uma seqüência.

Você pode requerer a utilização de cada um deles quantas vezes quiser. Não há necessidade de se empregarem todos os chapéus em uma reunião. A seqüência pode ser estabelecida com dois, três, quatro ou mais chapéus.

Há duas modalidades básicas de seqüência: a evolutiva e a preestabelecida.

Na seqüência evolutiva, escolhe-se um chapéu. Quando o pensamento correspondente a ele tiver sido concluído, o próximo chapéu é selecionado, e assim por diante. A não ser que você já tenha experiência com a aplicação do Método dos Seis Chapéus, não recomendo essa modalidade por duas razões. Em primeiro lugar, é possível que as pessoas percam muito tempo discutindo sobre qual chapéu deverá ser usado em seguida e, desse modo, sobrará pouco tempo para que pensem sobre o próprio assunto em questão. O segundo motivo é que elas podem achar que você ou qualquer outro indivíduo encarregado de estabelecer a seqüência está manipulando a reunião, a fim de obter o resultado que deseja. Antes que todos tenham adquirido experiência suficiente na utilização do Método dos Seis Chapéus, o melhor é adotar seqüências preestabelecidas.

Uma seqüência preestabelecida é determinada no início da reunião, que começa com a utilização do chapéu azul. Depois de escolhida a seqüência, ela é seguida até o fim. Pequenas variações são permitidas, dependendo do resultado.

Disciplina

A disciplina é muito importante. Os membros do grupo devem permanecer com o chapéu indicado para cada momento. Nenhum deles tem permissão para dizer, por exemplo: "Agora quero colocar o chapéu preto." O resultado disso seria a retomada do modo argumentativo habitual. Somente o presidente da reunião, o líder do grupo ou o facilitador tem autoridade para determinar a troca de chapéus. O que se pretende com seu uso não é descrever o que os participantes querem dizer, e sim mostrar a direção que o pensamento deve tomar. É fundamental que a disciplina seja preservada. Depois de utilizarem o método por algum tempo, as pessoas começam a achar muito mais fácil manter o chapéu especificado.

Prazos

Por quanto tempo as pessoas podem ficar com cada chapéu? Prefiro estabelecer períodos curtos. Isso força os membros do grupo a se concentrar naquilo que estão tentando fazer e reduz hesitações. Em geral, permito apenas um minuto para cada participante. Portanto, quando há quatro pessoas na reunião, autorizo quatro minutos para cada chapéu. Caso idéias genuínas ainda estejam sendo apresentadas no fim desse período, eu estendo o prazo. Por exemplo, se durante o uso do chapéu preto forem levantados pontos "preocupantes", não tenho motivo para dizer: "Sinto muito, sessão encerrada." O tempo pode ser prorrogado desde que questões pertinentes continuem a ser mencionadas.

É preferível determinar um prazo curto e depois estendê-lo a estabelecer longos períodos em que as pessoas ficam sentadas se olhando e imaginando algo que ainda possam dizer.

No caso do chapéu vermelho, a questão do tempo é diferente – um período bastante curto basta para que os membros do grupo manifestem seus sentimentos, uma vez que não há explicações nem qualificações. Eles devem se expressar com rapidez e objetividade – um minuto, sem prorrogação, costuma ser suficiente para cada um deles.

Diretrizes

Não existe uma ordem correta a seguir. Qualquer seqüência de chapéus que faça sentido para você funcionará. Algumas seqüências são apropriadas para explorar um assunto, outras para resolver problemas, outras para arbitrar disputas, outras para tomar decisões, e assim por diante. Do mesmo modo que um carpinteiro precisa se acostumar a sentir suas ferramentas nas mãos e a usá-las, é importante habituar-se à determinação e ao emprego das seqüências.

O chapéu azul sempre dever ser utilizado no começo e no fim das sessões – como dois apoios de livros.

O chapéu azul no início da reunião indica:

por que o grupo está reunido,
sobre o que seus membros estão pensando,
a definição da situação (ou do problema),
definições alternativas,
aquilo que os participantes desejam obter,
aonde eles querem chegar,
a base para o pensamento e
um plano para a seqüência de chapéus a ser utilizada.

O chapéu azul no fim da reunião indica:

o que os presentes alcançaram,
o resultado,
a conclusão,
o projeto,
a solução e
as próximas etapas.

O que ocorrerá após o uso do primeiro chapéu azul dependerá da natureza do pensamento a ser empregado logo em seguida.

Vamos imaginar que a opção inicial seja pelo chapéu vermelho. Ele é empregado nas situações em que se acredita que sentimentos fortes sobre a questão em pauta já estão presentes. A adoção desse chapéu é uma oportunidade de trazer tais sentimentos à tona desde o princípio.

Antes das primeiras eleições gerais da África do Sul, pediram-me que ensinasse o Método dos Seis Chapéus aos diretores da Comissão para o Acordo de Paz, que eram os responsáveis pela resolução de problemas locais. Em geral, eles preferiam começar as reuniões usando o chapéu vermelho, a fim de dar às pessoas a oportunidade de expressar seus sentimentos e suas emoções.

Mas há determinadas situações em que o chapéu vermelho não deve ser a opção inicial. Por exemplo, se o dono da empresa ou um gerente for o primeiro a expressar seus sentimentos, os membros do grupo se sentirão na obrigação de concordar com ele. Também é importante evitar o emprego desse chapéu nos casos em que não haja sentimentos preexistentes. Não há motivo para pedir às pessoas que manifestem sentimentos prematuramente.

Em uma situação de avaliação, faz sentido adotar o chapéu amarelo antes do chapéu preto. Se não se identificarem muitos benefícios em uma idéia enquanto o chapéu amarelo estiver sendo utilizado, não há razão para prosseguir com ele. Por outro lado, caso muitos pontos positivos sejam encontrados durante o emprego desse chapéu, quando as pessoas passarem para o chapéu preto e eventualmente descobrirem um grande número de obstáculos, elas se sentirão motivadas a superá-los porque já estarão cientes dos benefícios. No entanto, se os participantes começarem vendo somente as dificuldades, sua motivação será bem diferente.

Algumas vezes, pode-se colocar o chapéu vermelho após o uso do segundo chapéu azul no término da reunião. Esse chapéu vermelho final avalia o "desempenho do pensamento":

> O que as pessoas sentiram a respeito do seu pensamento?
> Elas estão felizes com os resultados?
> Acreditam ter realizado um bom trabalho?

Essas são somente algumas das diretrizes que podem ser aplicadas. Há um conjunto muito mais completo de orientações com seqüências específicas para diferentes situações.

Em geral, qualquer seqüência que faz sentido como uma "estratégia de pensamento" é válida e, conseqüentemente, funcionará.

O grupo e o indivíduo

Os benefícios mais surpreendentes do Método dos Seis Chapéus são vistos em discussões de grupo ou em conversas. Em situações desse tipo, esse método fornece um sistema muito mais eficaz do que a argumentação e o debate livre.

Os chapéus também podem ser usados por uma única pessoa que deseje pensar sozinha. O sistema seqüencial reduz a confusão e garante que todos os aspectos do problema sejam plenamente abordados.

Outra possibilidade de utilização dos chapéus é na preparação de relatórios e comunicados diversos. Mais uma vez, o emprego desse método permite tratar cada aspecto da questão. Em um relatório, os tópicos relativos às "precauções" podem ser mencionados sem ofender ninguém.

Indivíduos em grupos

Mesmo quando o Método dos Seis Chapéus é aplicado em reuniões de grupo, o presidente ou o facilitador pode pedir aos presentes que organizem primeiro seu pensamento individual. Isso permite que as pessoas apresentem mais idéias. Em uma discussão coletiva, um participante fica tão preocupado em escutar os outros que pode acabar tendo pouco tempo para pensar.

"Agora vamos passar para o chapéu amarelo. Antes de dar início à discussão, quero que vocês pensem sozinhos por dois minutos."

O pensamento individual é especialmente útil com os chapéus verde, amarelo e preto.

A pessoa que está conduzindo a reunião pode pedir aos participantes que reservem um tempo para pensar individualmente, mesmo que já estejam utilizando determinado chapéu.

"Agora gostaria que vocês pensassem sozinhos um pouco enquanto usam o chapéu verde. Não estou satisfeito com as alternativas que conseguimos até o momento."

Embora muitas reuniões de grupo envolvam pessoas que se sentem à vontade para expressar espontaneamente suas idéias sempre que têm vontade (de acordo com o chapéu especificado), às vezes é necessário pedir a determinados indivíduos que manifestem seu ponto de vista.

"Roberto, até agora não ouvimos sua opinião. Qual é seu pensamento de chapéu preto sobre esse assunto?"

"Maria, eu gostaria de saber quais são seus comentários com o chapéu amarelo."

Quando um chapéu é introduzido, também se pode interrogar todo o grupo, pessoa a pessoa, a fim de obter o pensamento de cada uma delas sob a orientação desse chapéu. Isso é particularmente útil quando já se permitiu que elas dedicassem algum tempo ao pensamento individual.

O CHAPÉU BRANCO

PENSE EM PAPEL. Pense nas impressões feitas por meio do computador. O chapéu branco refere-se à informação. Quando ele está em uso, as pessoas focalizam direta e exclusivamente os dados disponíveis.

De que informações dispomos?
De que informações precisamos?
Que informações estão faltando?
Quais perguntas temos que fazer?
Como vamos conseguir as informações de que necessitamos?

Informações podem abranger desde fatos e números exatos que podem ser verificados até declarações flexíveis, como opiniões e sentimentos. Sempre que alguém expressa seus próprios sentimentos, está usando o chapéu vermelho; mas, quando relata um sentimento manifestado por outro indivíduo, está com o chapéu branco.

Como eu disse, o conflito entre duas informações apresentadas não se torna tema de discussão. Ambas são colocadas lado a lado. Uma escolha entre elas só será feita mais tarde se for essencial.

Em geral, o chapéu branco é usado no começo de uma sessão como pano de fundo para o tipo de pensamento que será adotado a seguir. Ele também pode ser empregado no final da reunião para que o grupo faça uma espécie de avaliação: "Nossos objetivos se encaixam nas informações existentes?"

O chapéu branco é neutro. Ele relata o que existe no mundo. Sua função não é gerar idéias, embora com ele seja permitido mencionar pontos de vista que estejam sendo colocados em prática ou que já tenham sido sugeridos anteriormente.

Um aspecto muito importante do uso do chapéu branco é definir as informações que estão faltando e quais são necessárias. Esse chapéu especifica as perguntas que deverão ser feitas. Além disso, determina os meios (tais como pesquisas e questionários) pelos quais os dados serão obtidos.

A energia do chapéu branco é dirigida para a busca e apresentação de informações.

CAPÍTULO

3

O chapéu branco

Fatos e números

Você é capaz de representar o papel de um computador?
Simplesmente apresente os fatos de maneira neutra e objetiva.
Não se preocupe com a interpretação: limite-se aos fatos, por favor.
Quais são os fatos referentes a esse assunto?

OS COMPUTADORES AINDA não expressam emoções (embora nós tenhamos provavelmente que dotá-los dessa capacidade se quisermos que "pensem" de forma inteligente). O que esperamos de um computador é que ele apresente os fatos e números que solicitamos. Não imaginamos que ele vá se meter a discutir conosco nem utilizar os dados de que dispõe somente para sustentar seus argumentos.

É muito freqüente que fatos e números sejam embutidos na discussão. Nesse caso, eles são usados para se alcançar um objetivo, e não como fatos em si. No entanto, os fatos nunca podem ser tratados de modo objetivo quando apresentados como parte de uma argumentação.

Desse modo, precisamos de uma rápida mudança que indique o seguinte: "Apenas os fatos, por favor – sem nenhum debate."

Infelizmente, o pensamento ocidental, com seu hábito de discussão argumentativa, prefere apresentar primeiro uma conclusão e, depois, fatos para apoiá-la. Em contraste, no tipo de pensamento que defendo, primeiro temos que elaborar uma espécie de mapa para, depois, escolhermos a rota através dele. Isso significa que precisamos ter os fatos e os números desde o começo.

Assim, o pensamento de chapéu branco fornece um meio adequado de pedir que os fatos e os números sejam expostos de forma neutra e objetiva.

Certa vez, um gigantesco processo antimonopólio foi aberto contra a IBM dos Estados Unidos. Esse caso acabou sendo arquivado – talvez porque se tenha chegado à conclusão de que o país necessitava da força dessa empresa para competir com a altamente organizada indústria eletrônica japonesa. Mas também foi sugerida outra razão para esse desfecho. A IBM apresentou uma quantidade tão grande de documentos (cerca de sete milhões, creio eu) que nenhuma corte de justiça seria capaz de examinar todo esse volume. Se o juiz morrer durante o exame de um caso, o processo deve ser reiniciado. Uma vez que a nomeação desses magistrados só costuma ocorrer quando eles já estão numa idade avançada o suficiente para serem relativamente sensatos, sábios e experientes, havia uma boa chance de que o juiz encarregado falecesse antes do fechamento dessa questão. Assim, o caso só poderia ser julgado se fosse indicado um juiz ou uma juíza muito jovem que estivesse disposto ou disposta a dedicar toda a sua carreira a ele.

O ponto principal dessa história é que é possível responder a uma requisição de fatos e números com uma quantidade tão grande de informações que o solicitante fique soterrado nelas.

> *"Se você quiser fatos e números, pode ter todos eles. Todos mesmo."*

Esse tipo de resposta é compreensível, pois qualquer tentativa de simplificar os fatos poderia ser encarada como uma seleção desses dados com a intenção de embasar uma tese em particular.

Para não se ver soterrada em informações, a pessoa que solicita o pensamento de chapéu branco pode formular uma pergunta dirigida, ou conclusiva, para obter as informações de que necessita.

"Quero saber qual é, de forma geral, seu pensamento de chapéu branco sobre o desemprego."

"Agora me forneça os dados numéricos dos alunos que deixaram a escola há seis meses."

A formulação adequada de perguntas dirigidas faz parte do processo normal de solicitação de informações. Os advogados com prática em interrogatório cruzado (aquele em que tomam o depoimento de testemunhas da parte contrária) fazem isso o tempo todo. O ideal seria que as testemunhas usassem o chapéu branco do início ao fim da sua fala e respondessem de modo factual. Juízes e advogados de tribunal podem considerar o estilo do chapéu branco muito adequado.

– Como eu disse, ele voltou ao seu apartamento às seis e meia da manhã porque tinha ficado jogando cartas durante toda a noite.

– Sr. Silva, o senhor viu de fato o réu jogando cartas na noite de 30 de junho ou foi ele quem lhe disse que ficara jogando?

– Não, Meritíssimo. Eu não vi o réu nem ele me disse isso. Mas ele joga quase todas as noites.

– Sr. Silva, se o senhor estivesse usando o chapéu de pensamento branco, qual teria sido seu testemunho?

– Vi o réu voltando ao seu apartamento às seis e meia da manhã de 1º de julho.

– Obrigado. O senhor está dispensado.

Vale lembrar que em um tribunal os advogados estão *sempre* tentando vencer um caso. Assim, eles formulam as perguntas para sustentar sua linha de raciocínio ou destruir a linha de argumentação adversária. Isso é o oposto exato do pensamento de chapéu branco. O papel do juiz é muito interessante.

No sistema legal holandês não existe júri. Três juízes ou assistentes desses magistrados tentam utilizar apenas o pensamento de chapéu branco para apurar os fatos. Sua tarefa é "elaborar um mapa" e depois realizar o julgamento. Mas não parece ser isso o que acontece em países como a Inglaterra e os Estados Unidos, onde o papel do juiz é preservar as *rules of evidence* (normas relativas à admissão dos fatos que as partes de uma ação judicial podem usar como provas em cortes federais) e, só então, se manifestar sobre as provas extraídas pelos advogados, seja diretamente, seja por intermédio de um júri.

Assim, qualquer pessoa que esteja formulando perguntas dirigidas com o objetivo de obter informações precisa ter certeza de que *ela mesma* está usando o pensamento de chapéu branco. Será que ela está realmente tentando apurar os fatos ou sua intenção é criar um embasamento para uma idéia que se formou em sua cabeça?

– No ano passado, houve um aumento de 25% nas vendas de carne de peru no país por causa do interesse em dietas e da preocupação com a saúde. Esse tipo de carne é considerado "mais leve".

– Ricardo, eu lhe pedi que colocasse o chapéu branco. O único fato é o crescimento de 25% nas vendas. O restante ficou por conta da sua interpretação.

– Nada disso. De acordo com as pesquisas de mercado, as pessoas dizem que estão comprando carne de peru por acreditarem que seu nível de colesterol é mais baixo.

– Bem, então temos dois fatos. Um deles é que houve um aumento de 25% nas vendas de carne de peru no ano

passado. O outro é que algumas pesquisas de mercado mostram que as pessoas afirmam comprar carne de peru por causa da sua preocupação com o colesterol.

O chapéu branco oferece uma espécie de direção que podemos procurar seguir quando lidamos com informações. Temos que nos empenhar em interpretar o papel do chapéu branco tão bem quanto possível, o que significa realizar um esforço para obter fatos puros. É óbvio que isso envolve certo grau de habilidade – talvez mais do que o necessário para usar os demais chapéus.

– Há uma tendência de crescimento do número de mulheres que fumam charuto.

– Isso não é um fato.

– É, sim. Tenho os dados aqui.

– O que seus dados demonstram é que, em cada um dos últimos três anos, o número de mulheres que fumam charuto foi maior do que no ano anterior.

– E isso não é uma tendência?

– Até pode ser. Mas afirmar isso é fazer uma interpretação. Para mim, uma tendência sugere alguma coisa que já está acontecendo e que vá prosseguir. Os números são o fato. Pode ser que as mulheres estejam fumando mais charuto porque tenham passado a fumar mais de modo geral, talvez por causa de um aumento da ansiedade. Ou pode ser que nos últimos três anos os fabricantes de charutos tenham investido uma imensa quantidade de dinheiro para convencer as mulheres a consumir seus produtos. No primeiro caso, seria uma tendência com alguma chance de se confirmar. No segundo caso, nem chega a haver chance.

– Usei a palavra tendência apenas para descrever o crescimento dos números.

– Embora esse emprego da palavra tendência seja admitido, existe também aquele que implica um processo em andamento. Assim, talvez seja melhor utilizar o puro pensamento de chapéu branco e dizer: "Durante os últimos três anos, os números demonstram um aumento na quantidade de mulheres que fumam." Depois disso, podemos discutir o que esse fato significa e a que razões seria devido.

Assim, o pensamento de chapéu branco se torna um treinamento disciplinado que motiva a pessoa a separar com total clareza em sua própria mente o que é fato e o que é simplesmente extrapolação ou interpretação. Podemos imaginar que os políticos talvez encontrem imensa dificuldade em adotar esse tipo de pensamento.

CAPÍTULO

4

O pensamento de chapéu branco

A quem pertence esse fato?

Isso é um fato ou uma probabilidade?
Isso é um fato ou uma crença?
Existem fatos aqui?

MUITAS DAS COISAS QUE passam por fatos são simples comentários bem-intencionados ou uma questão de crença pessoal que está em vigor no momento. A vida tem que seguir adiante. Não é possível verificar tudo com o rigor que se exige de uma experiência científica. Assim, na prática, estabelecemos um sistema de dois níveis: *fatos em que acreditamos* e *fatos verificados.*

Certamente, quando estão usando o chapéu branco, as pessoas têm permissão para mencionar fatos nos quais acreditam. No entanto, elas devem deixar claro que esses são fatos de segunda classe.

"Creio que estou certo ao afirmar que a frota mercante russa transporta uma parte considerável do comércio mundial."

"Uma vez eu li que os executivos japoneses recebem verbas substanciais para despesas porque eles entregam todo o seu salário para as esposas."

> *"Acredito que tenho razão em dizer que o novo Boeing 757 é muito mais silencioso do que as aeronaves da geração anterior."*

Você pode ficar incomodado ao observar que essas frases "marotas" permitem a uma pessoa dizer qualquer coisa sem ser responsabilizada por isso.

> *"Uma vez alguém me contou que ficara sabendo por meio de um amigo que Churchill tinha uma admiração secreta por Hitler."*

O caminho fica aberto para calúnias, fofocas e boatos. Isso é inegável. Mas precisamos ter um meio que nos possibilite mencionar os fatos em que acreditamos.

Nesse aspecto, um ponto importante é o *uso* que será dado a essas informações. Antes de agirmos de acordo com um fato ou torná-lo a base para tomarmos uma decisão, temos que verificá-lo. Assim, analisamos quais entre os dados em que acreditamos podem ser úteis e, depois, passamos à tentativa de conferi-los. Por exemplo, se o pouco ruído que dizemos ser produzido por um Boeing 757 for fundamental para a escolha do local onde um aeroporto será construído, então certamente precisamos tornar esse dado um "fato verificado".

A regra-chave para o pensamento de chapéu branco é que nenhuma informação seja mencionada em um nível mais alto do que aquele em que ela de fato está. Quando a afirmação é adequadamente formulada como uma crença, é permitido utilizá-la. Mantenha sempre em mente o sistema de dois níveis.

Vale a pena repetir que precisamos do nível das informações em que acreditamos, pois elementos tentativos, hipotéticos e provocativos são essenciais para o pensamento. São eles que fornecem as estruturas que se movem em direção aos fatos.

Chegamos agora a um ponto realmente difícil. Quando é que uma "crença" se transforma em "opinião"? Posso "acreditar" que o Boeing 757 é mais silencioso. Também posso "acreditar" (opinião) que as mulheres estão fumando mais porque agora vivem sob uma pressão maior.

Faço questão de deixar claro que a manifestação da *opinião pessoal* nunca é permitida quando o pensamento de chapéu branco está sendo adotado. Isso levaria à destruição completa do objetivo desse chapéu. Mas uma pessoa pode, naturalmente, relatar a opinião de alguém.

"Do ponto de vista do professor Carlos, um vôo propelido pela força humana jamais será possível."

Observe com atenção que o nível de crença em um fato significa apenas alguma coisa *que acreditamos ser um fato,* mas cuja veracidade ainda não verificamos plenamente. Talvez seja melhor usarmos a seguinte denominação para os dois níveis:

1. fatos verificados e
2. fatos não verificados (crenças).

No fim das contas, é a atitude que importa. Ao usar o chapéu branco, a pessoa emite declarações neutras que funcionam como "ingredientes". Elas são colocadas sobre a mesa. Não existe nenhuma possibilidade de que venham a ser empregadas como apoio a um ponto de vista em particular. Assim que uma afirmação pareça estar sendo utilizada para fortalecer uma opinião, ela se torna suspeita: o papel do chapéu branco está sendo desrespeitado.

Com o tempo, porém, as regras desse chapéu passam a ser adotadas de modo automático. As pessoas não tentam mais usar dissimuladamente declarações que as ajudem a vencer discussões. Elas desenvolvem a neutralidade e a objetividade típicas de um observador científico que registra com toda a atenção as diferentes fauna e flora de uma região, sem nenhuma intenção de se valer das informações para favorecer seus próprios interesses. A tarefa de um cartógrafo é desenhar um mapa.

Quando usa o chapéu branco, a pessoa coloca seus "pertences" sobre a mesa - do mesmo modo que um menino esvazia os bolsos e mostra algumas moedas, chicletes e um sapinho.

CAPÍTULO

5

O pensamento de chapéu branco

Apresentação de informações no estilo japonês

A discussão, o debate e o consenso.

Se ninguém apresentar idéias, de onde elas virão?

Desenhe o mapa primeiro.

OS JAPONESES NUNCA adquiriram o hábito ocidental da discussão. Talvez porque o desentendimento fosse considerado algo rude ou perigoso demais em uma sociedade feudal. Ou porque o respeito mútuo e a preservação da reputação sejam muito importantes para que eles permitam o ataque verbal. Quem sabe, seja também porque sua cultura não é baseada no ego como é a nossa: em geral, a discussão tem raízes no ego. Mas a explicação mais provável é o fato de a cultura japonesa não ter sido influenciada pelas formas de pensamento gregas, que foram desenvolvidas e refinadas pelos monges medievais em um sistema destinado a provar que os hereges estavam errados. Para nós, parece estranho que os japoneses não discutam. A eles surpreende que nós gostemos tanto de nos confrontar.

Em uma reunião realizada no estilo ocidental, os participantes sentam-se uns em frente aos outros com seus pontos de vista já estabelecidos e, em muitos casos, também já com uma conclusão com a qual desejam que todos concordem. A reunião consiste em debater essas diferentes opiniões até que se descubra qual delas consegue sobreviver às críticas ou qual delas é capaz de atrair o maior número de partidários.

As idéias iniciais sofrem modificações e melhorias. Mas tendem a ser "esculturas de mármore", isto é, elas começam como um bloco maciço que é esculpido lentamente até que as pessoas cheguem ao produto final.

Se o objetivo de uma reunião no estilo ocidental é atingir o consenso, a discussão é menos feroz, porque não haverá vencedores nem perdedores. O resultado é alcançado pelo grupo e tem a aceitação de todos os seus membros. Isso se assemelha mais a uma "escultura de argila": há um bloco central em torno do qual vão sendo acrescentadas novas porções de barro, que continuam a ser modeladas até que o produto final seja obtido.

As reuniões dos japoneses não se destinam ao consenso.

É difícil para os ocidentais entender que os japoneses se sentam para uma reunião sem nenhuma idéia preestabelecida. Seu propósito é *ouvir*. Então, por que não se instala um silêncio total e improdutivo? Porque cada um dos participantes põe o chapéu branco e apresenta sua parcela de informações neutras. Pouco a pouco, o mapa vai se tornando mais completo, rico e detalhado. Quando é concluído, a rota a seguir torna-se óbvia para todos. Não estou sugerindo que esse processo ocorra em uma reunião apenas. Ele pode se estender por semanas e até meses, envolvendo muitas reuniões.

O ponto principal é que ninguém expõe uma idéia preconcebida. As informações são apresentadas no estilo do chapéu branco. Elas se organizam sozinhas e lentamente até formarem uma idéia. Os participantes assistem a esse processo.

Para os ocidentais, as idéias devem ser marteladas até tomarem forma por meio de discussões.

Os japoneses, por sua vez, entendem que as idéias surgem como pequenas mudas que devem ser nutridas e cultivadas até que consigam crescer e atingir sua forma.

O que acabei de expor é uma versão um tanto idealizada do contraste entre a discussão ocidental e a apresentação de informações no estilo japonês. Minha intenção é mostrar essa diferença, e não seguir as pessoas que acreditam que todas as coisas japonesas são maravilhosas e devem ser copiadas.

Não podemos mudar culturas. Por isso precisamos de um *mecanismo* que nos permita superar nossos hábitos de discussão. O papel do chapéu branco é executar precisamente essa função. Quando é adotado por todos os participantes de uma sessão, ele deixa implícita a seguinte orientação: "Vamos fingir que somos japoneses em uma reunião japonesa."

É para realizar essa espécie de troca de maneira prática que necessitamos de dispositivos artificiais e de expressões como "o pensamento de chapéu branco". Exortações e explicações não funcionam tão bem.

(Não quero dar uma explicação sobre por que os japoneses não são mais criativos. A inventividade pode requerer uma cultura baseada no ego, com indivíduos obstinados, capazes de persistir até conseguirem que uma idéia antes considerada maluca seja aceita por todos. Podemos fazer isso de forma mais prática, provocando deliberadamente o pensamento lateral, que já abordei em outros livros e que será mencionado no capítulo sobre o pensamento de chapéu verde.)

CAPÍTULO

6

O pensamento de chapéu branco

Os fatos, a verdade e os filósofos

Até que ponto um fato é verdadeiro?
Que valor têm os jogos de palavras da filosofia?
Verdades absolutas e declarações com a expressão "de modo geral".

A VERDADE E OS FATOS não se encontram tão intimamente relacionados como costumamos imaginar. A verdade está mais vinculada a um sistema de jogo de palavras chamado filosofia. Os fatos estão associados a uma experiência que pode ser verificada. As pessoas de mentalidade mais prática, que não se preocupam muito com esse tipo de assunto, podem pular este capítulo.

Se cada cisne que virmos for branco, podemos apresentar a audaciosa afirmação de que "todos os cisnes são brancos"? Não só podemos como fazemos isso. Até determinado momento, essa afirmação é uma síntese verdadeira da nossa experiência. Nesse sentido, também é um fato.

Mas o primeiro cisne negro que avistarmos tornará falsa essa declaração. Assim, passaremos do verdadeiro ao falso de uma forma surpreendentemente abrupta. No entanto, se estivermos olhando para os fatos de modo objetivo, 100 experiências com cisnes brancos ainda se destacam diante de uma única experiência com um cisne negro. Dessa maneira, se apresentarmos a questão com base em fatos vivenciados, podemos afirmar: "A maioria dos cisnes é branca", "De modo geral, os cisnes são brancos" ou ainda "Um pouco mais de 99% dos cisnes são brancos".

A expressão "de modo geral" é extremamente prática (de modo geral, as crianças gostam de sorvete; de modo geral, as mulheres usam cosméticos, etc.), mas não serve de nada para a lógica. O "todos" é imprescindível na declaração "*Todos* os cisnes são brancos". Isso se deve ao fato de que a lógica tem de passar de uma verdade absoluta para outra: "Se isso é verdadeiro, segue-se então que..."

Quando encontramos o primeiro cisne negro, a afirmação "Todos os cisnes são brancos" torna-se falsa. A não ser que optemos por chamar o cisne negro por outro nome. Agora isso se transforma em uma questão de palavras e definições. Se escolhermos manter a "brancura" como uma parte essencial da definição de um cisne, então o cisne negro é algo diferente. No entanto, se abandonarmos esse conceito como parte fundamental da definição, podemos incluir o cisne negro e basear a definição de cisne em outras características. O estabelecimento e a manipulação de tais definições é que constituem a essência da filosofia.

O pensamento de chapéu branco diz respeito a informações que podem ser usadas. Desse modo, locuções como "de modo geral" ou "a maior parte" são perfeitamente aceitáveis. São as estatísticas que atribuem alguma especificidade a essas expressões bastante vagas. Mas, como nem sempre é possível apurar esses dados, é comum precisarmos usar o sistema dos dois níveis (crença ou fato confirmado).

> *"De modo geral, as corporações que baseiam seus gastos na estimativa de vendas futuras acabam tendo problemas." (É possível apontar umas poucas empresas que fizeram isso e obtiveram sucesso.)*

"As vendas tenderão a crescer se os preços baixarem." (Quando o preço das casas sobe, pode haver de fato um aumento nas vendas por razões de ordem especulativa, medo da inflação ou receio de ser deixado para trás.)

"Se você trabalhar duro, alcançará sucesso na vida." (Muitas pessoas que trabalham arduamente não chegam a conquistar o sucesso.)

O espectro das probabilidades pode ser descrito da seguinte maneira:

sempre é verdadeiro;
habitualmente;
de modo geral;
na maior parte das vezes;
cerca de metade das vezes;
freqüentemente;
algumas vezes;
esporadicamente;
é sabido que acontece;
nunca é verdadeiro;
não pode ser verdadeiro (contraditório).

Até que ponto desse espectro é permitido prosseguir com o chapéu branco? Como você já viu, a resposta a essa pergunta depende do direcionamento da informação. Por exemplo, pode ser útil sabermos da existência de certas coisas que só ocorrem ocasionalmente.

"O sarampo, em geral, não é prejudicial, mas algumas vezes pode surgir acompanhado de infecções secundárias, como otite."

"Em casos raros, a vacinação pode ser seguida de encefalite."

"Sabe-se que cães desta raça, quando ficam irritados, eventualmente mordem crianças."

É evidente que existe valor no conhecimento desse tipo de informação. Há também um dilema envolvido. No segundo exemplo, a percepção que uma pessoa pode ter do risco de ocorrência de encefalite após a vacinação pode ser milhares de vezes maior do que o perigo estatístico real. Assim, é importante apresentar os números concretos para evitar a má informação por desatenção.

A menção de casos incomuns é aceitável durante o emprego do pensamento de chapéu branco?

*"Houve um homem que caiu sem pára-quedas de um avião e sobreviveu."**

"Dizem que Ford projetou o Edsel com base em pesquisas de mercado e, mesmo assim, esse carro foi um desastre total de vendas."

Essas podem ser declarações de fatos e, por isso, a pessoa que está usando o chapéu branco tem todo o direito de apresentá-las. Mas elas devem ser formuladas como "casos incomuns" ou "exemplos".

"Projetos embasados em pesquisas de mercado podem fracassar freqüentemente. Veja, por exemplo, o caso do automóvel Edsel, cujo projeto, segundo se afirma, foi ela-

* Existe pelo menos um caso comprovado de um aviador, o tenente Alkemade, que pulou de um avião na década de 1950. Seu pára-quedas não se abriu, e ele se lançou em queda livre por cerca de 2.500m, caindo em um monte de feno coberto de neve. Fonte: *Reader's Digest*. (N. do T.)

borado de acordo com esse tipo de pesquisa. Mesmo assim, não deixou de ser um verdadeiro fracasso."

Essa declaração não é um legítimo pensamento de chapéu branco – a não ser que exista um elemento de sustentação muito mais forte para a afirmação de que projetos baseados em pesquisas de mercado fracassam. Gatos podem cair de telhados, mas esse não é seu comportamento normal.

As exceções se destacam simplesmente porque são exceções. Percebemos os cisnes negros porque eles pertencem a uma minoria. O caso do homem que sobreviveu a uma queda de aeroplano sem pára-quedas chama nossa atenção porque isso é algo fora do comum. O Edsel é sempre mencionado pela mesma razão.

O propósito do pensamento de chapéu branco é ser prático. Assim, devemos ser capazes de apresentar todos os tipos de informação. O ponto-chave é estruturarmos essas informações da maneira adequada.

"Todos os especialistas prevêem que a taxa de juros cairá no final do ano."

"Falei com quatro especialistas e cada um deles previu que a taxa de juros cairá no final do ano."

"Conversei com os senhores Renato Souza, Paulo Silva, Sérgio Ferreira e Flávio Barros – todos eles previram que a taxa de juros cairá no final do ano."

Nesses exemplos há três níveis de precisão. Até mesmo o terceiro nível pode não ser bom o suficiente. Talvez queiramos saber *quando* a pessoa conversou com os especialistas.

Não existe nada de absoluto a respeito do pensamento de chapéu branco. É uma direção que nos esforçamos para seguir de uma forma cada vez melhor.

CAPÍTULO

7

O pensamento de chapéu branco

Quem coloca o chapéu?

Coloque seu próprio chapéu.
Peça a alguém que coloque o chapéu.
Peça a todos que coloquem o chapéu branco.
Opte por responder usando o chapéu.

AS AFIRMAÇÕES ACIMA abrangem a maior parte das situações, que estão representadas nas seguintes possibilidades: você pode pedir que coloquem o chapéu, alguém pode solicitar a você que o use ou você pode decidir fazer isso sozinho.

– O que deu errado com a campanha de vendas?

– Primeiro colocarei o chapéu branco. Atingimos 34% dos varejistas. Mas apenas 60% deles chegaram a adquirir o produto. Dos que realizaram a compra, 40% encomendaram dois itens. Das pessoas com quem falamos, 70% afirmaram que o preço era alto demais. Há dois produtos competitivos no mercado com preços mais baixos.

– Agora me dê seu pensamento de chapéu vermelho.

– Temos um produto de qualidade inferior e muito caro. Ficamos com uma imagem negativa no mercado.

A propaganda dos nossos concorrentes é melhor e feita com mais freqüência. Nós não atraímos os melhores vendedores.

Talvez os aspectos relativos ao "sentimento", característicos do pensamento de chapéu vermelho, sejam mais importantes nesse exemplo. No entanto, eles não podiam ser apresentados com o chapéu branco, a não ser em relatórios sobre o que clientes em potencial haviam dito.

"Comecem com o chapéu de pensamento branco e digam o que sabem sobre a criminalidade juvenil. Quais são os números? Onde estão os relatórios? Quem pode nos dar as provas?"

"Não quero suas suposições sobre o que irá acontecer se baixarmos o preço das passagens transatlânticas em 20%. O que estou lhe pedindo é seu pensamento de chapéu branco em relação a isso."

É evidente que o pensamento de chapéu branco exclui elementos valiosos, como palpites, intuição, julgamento baseado na experiência, sentimentos, impressões e opiniões. Este é, naturalmente, o propósito de usarmos esse chapéu: dispormos de uma forma de pedir somente informações.

"Você solicitou meu pensamento de chapéu branco em relação aos motivos que tenho para mudar de empresa. O salário não será maior. Os benefícios não serão melhores. Não há diferença quanto à distância da minha casa. As perspectivas de construir uma carreira são iguais. O tipo de trabalho é idêntico. Isso é tudo o que posso dizer usando o chapéu branco."

CAPÍTULO

8

Sumário do pensamento de chapéu branco

IMAGINE UM COMPUTADOR apresentando fatos e números solicitados. Ele é neutro e objetivo. Não fornece interpretações nem opiniões. Quando usamos o chapéu de pensamento branco, devemos imitar essa máquina.

A pessoa que requisita os dados tem que formular perguntas dirigidas, com o objetivo de conseguir as informações que deseja ou de preencher lacunas naquelas de que já dispõe.

Na prática, há um sistema de informação de dois níveis. O primeiro deles contém fatos verificados e provados – de primeira classe. O segundo abrange fatos que acreditamos ser verdadeiros, mas que ainda não foram comprovados – de segunda classe.

Há um espectro de probabilidades que abrange desde "sempre é verdadeiro" até "nunca é verdadeiro". Entre elas, há gradações que podem ser usadas, como "de modo geral", "algumas vezes" e "esporadicamente". É permitida a utilização de informações desse tipo quando estamos com o chapéu branco, desde que empreguemos a "estrutura" apropriada para indicar o grau de probabilidade.

O pensamento de chapéu branco é ao mesmo tempo um treinamento disciplinado e uma direção. A pessoa se empenha em ser cada vez mais neutra e objetiva na apresentação de informações. Podem lhe pedir que coloque o chapéu de pensamento branco ou você pode solicitar a alguém que o use. Você também pode escolher entre colocar e tirar esse chapéu.

O branco (ausência de cor) indica neutralidade.

O CHAPÉU VERMELHO

PENSE NO FOGO. Pense no calor. Pense em sentimentos. Usar o chapéu vermelho significa uma oportunidade para expressar sentimentos, emoções e intuição sem nenhuma necessidade de explicá-los ou justificá-los.

Em uma discussão normal sobre negócios, teoricamente não devemos deixar que as emoções interfiram na comunicação. Mas elas fazem isso de qualquer maneira – nós apenas as disfarçamos de forma lógica. O chapéu vermelho proporciona uma oportunidade excelente e essencial para que os sentimentos, as emoções e a intuição sejam apresentados como tais.

A intuição pode estar embasada em uma vasta experiência.

"Sinto que essa é a pessoa talhada para o trabalho."

"Acho que essa iniciativa é arriscada."

"Minha intuição me diz que essa explicação é complexa demais."

Esses sentimentos são úteis. No entanto, a intuição não está necessariamente certa em todas as ocasiões em que se manifesta. Até a intuição de Einstein estava errada quando ele descartou o princípio da incerteza de Heisenberg.

Quando usamos o chapéu vermelho, temos a chance de expressar uma grande variedade de sentimentos: entusiásticos, como "amei" ou "adorei"; neutros; dúbios; indecisos, infelizes; desaprovadores, como "não gostei disso", e assim por diante. A maneira como essa manifestação ocorre varia de acordo com a cultura. No Japão, ela é muito discreta: "Tenho que pensar sobre isso." Nos Estados Unidos, os sentimentos mais intensos costumam ser revelados: "Essa idéia simplesmente não vai funcionar."

Não há necessidade de explicar nem de justificar os sentimentos. O presidente da reunião não deve permitir declarações com essa finalidade. Se as pessoas acreditarem que precisam legitimar o que estão sentindo, elas só manifestarão aquilo que se considerarem aptas a validar. Desse modo, nenhum tipo de explicação deve ser permitido. Os presentes devem expressar seus sentimentos como estes são no momento. Pode ser que, em 20 minutos, eles já tenham se modificado. Algumas vezes, é útil solicitar o uso do chapéu vermelho logo no começo da reunião para avaliar os sentimentos existentes e, depois, pedir que seja colocado de novo no final da sessão para verificar se alguns deles se transformaram.

O pensamento de chapéu vermelho é sempre aplicado a uma idéia ou situação específica. Ninguém tem permissão para modificá-la.

Por exemplo, se a solicitação for "Manifeste seu pensamento de chapéu vermelho sobre as contribuições obrigatórias", a pessoa não terá liberdade para dizer "Eu apreciaria essa idéia, caso as contribuições fossem voluntárias".

Deve ficar claro qual é a idéia a que o pensamento de chapéu vermelho está sendo aplicado. De outro modo, haverá confusão. Se necessário, o presidente da reunião pode apresentar diferentes versões (modificações) de uma idéia e solicitar o pensamento de chapéu vermelho sobre cada uma delas.

O chapéu vermelho pode abranger também "sentimentos intelectuais", que neste caso são perfeitamente válidos:

"Sinto que essa idéia tem potencial."

"Essa idéia é muito interessante."

"Essa idéia é incomum."

O chapéu vermelho deve ser sempre empregado de forma individual. Os participantes da reunião são consultados um a um, a fim de manifestar seus sentimentos de chapéu vermelho sobre a questão que está sendo discutida.

Quando solicitadas a manifestar seus sentimentos de chapéu vermelho, as pessoas não têm permissão para dizer "Eu passo". Mas elas podem usar termos como *neutro, indeciso, confuso, duvidoso* ou *misto.*

Se os sentimentos forem definidos como *mistos*, o presidente da reunião pode perguntar o que faz parte dessa mistura.

O propósito do pensamento de chapéu vermelho é permitir a manifestação dos sentimentos tais como eles são, e não forçar um julgamento.

CAPÍTULO

9

O chapéu vermelho

Emoções e sentimentos

O oposto da informação objetiva e neutra.
Palpites, intuições e impressões.
Não é preciso justificar.
Não há necessidade de dizer os motivos nem embasar.

O PENSAMENTO DE CHAPÉU VERMELHO refere-se exclusivamente a emoções e sentimentos e aos aspectos não racionais do pensamento. O chapéu vermelho abre um canal definido e formal para trazer esses elementos à luz – como partes legítimas do mapa geral.

Se emoções e sentimentos não puderem ser admitidos no processo de pensamento, eles ficarão ocultos e afetarão secretamente todo o pensamento. Emoções, sentimentos, palpites e intuições são elementos fortes e reais. O objetivo do pensamento de chapéu vermelho é reconhecê-los e legitimá-los.

O pensamento de chapéu vermelho é quase o oposto exato daquele de chapéu branco, que é neutro, objetivo e livre de qualquer interferência emocional.

"Não me pergunte por quê. Eu simplesmente não gosto desse negócio. Ele é horrível."

"Não simpatizo com esse diretor e não quero fazer negócios com ele. Isso é tudo."

"Meu palpite é que o terreno nos fundos da igreja valerá uma fortuna em poucos anos."

"Esse projeto é péssimo. Nunca vai dar certo. É um enorme desperdício de dinheiro."

"Tenho simpatia pelo Flávio. Sei muito bem que ele é um vigarista e que certamente já nos passou para trás. Mas ele nos deu a volta em grande estilo. Gosto dele."

"Tenho o mais profundo sentimento de que esse negócio nunca vai funcionar. O mais provável é que acabe em um processo caríssimo."

"Sinto que esta é uma situação em que não temos chance de ganhar. Vamos nos dar mal se fecharmos o negócio e vamos nos lascar se não fecharmos. O melhor é cairmos fora."

"Não acho que seja justo esconder essa informação até que o contrato tenha sido assinado."

Qualquer pessoa que queira expressar sentimentos desse tipo deve fazer uso do chapéu vermelho. Ele dá permissão oficial para a manifestação de sentimentos, que podem variar de emoções puras a palpites.

CAPÍTULO

10

O pensamento de chapéu vermelho

O lugar das emoções no pensamento

As emoções poluem o pensamento ou fazem parte dele?
Em que ponto elas entram em cena?
As pessoas emotivas conseguem pensar bem?

NA VISÃO TRADICIONAL, as emoções poluem o pensamento. Em tese, para que consiga pensar de forma adequada, a pessoa deve se manter calma e controlada e não se deixar influenciar pelas emoções. Imagina-se que um indivíduo apto a pensar bem seja objetivo e capaz de considerar os fatos por seus próprios méritos, e não pela relevância que eles possam ter para suas necessidades emocionais. De vez em quando, chegamos a ouvir que as mulheres são emotivas demais para que se tornem boas pensadoras. Dizem que elas não dispõem da capacidade de distanciamento, que é necessária para que se tomem decisões acertadas.

No fim das contas, porém, todas as boas decisões devem ser emocionais. Para mim, o aspecto mais importante dessa frase é *no fim das contas.* Depois que usamos o pensamento para desenhar o mapa, a escolha que faremos de uma rota será determinada por nossos valores e nossas emoções. Pretendo retornar a esse ponto mais adiante.

São as emoções que dão relevância ao pensamento e o encaixam em nossas necessidades e no contexto de determinado momento. Elas são uma parte necessária da operação do cérebro – não são intrusas nem relíquias da época da sobrevivência animal.

As emoções podem afetar o pensamento de três maneiras.

Em primeiro lugar, pode haver uma emoção básica muito forte, como medo, cólera, rancor, suspeita, ciúme ou amor. Esse pano de fundo limita e colore todas as nossas percepções. O propósito do pensamento de chapéu vermelho é justamente tornar aparentes essas emoções subjacentes, de tal modo que seja possível observar sua influência subseqüente. Todo o nosso pensamento está sujeito a ser dominado por uma dessas emoções "ocultas". Às vezes, ela está ligada a uma pessoa ou a uma situação ou pode se encontrar ali por outra razão qualquer.

No segundo caso, a emoção é desencadeada por uma percepção inicial. Por exemplo: você se sente ofendido por alguém e, a partir desse ponto, seus pensamentos em relação a essa pessoa são integralmente coloridos por esse sentimento. Outra situação: você percebe (talvez erroneamente) que alguém está fazendo uma afirmação em proveito próprio e, dali em diante, desconsidera tudo o que esse indivíduo diz. Ou ainda: você interpreta alguma coisa como propaganda e, a partir disso, deixa de acreditar no que está sendo declarado. Nós somos muito eficientes em estabelecer esses julgamentos instantâneos e em nos trancafiar nas emoções que eles liberam. É o pensamento de chapéu vermelho que nos dá a oportunidade de trazer esses sentimentos à tona assim que eles se manifestam.

> *"Se eu estivesse com o chapéu vermelho agora, diria que podemos interpretar sua oferta como uma proposta que beneficia seus próprios interesses, mas não os da empresa."*

"Meu pensamento de chapéu vermelho me diz que você pretende se opor à fusão apenas para preservar seu emprego, e não para proteger os acionistas."

Por fim, as emoções podem aparecer depois que concluímos o mapa da situação. Esse tipo de mapa deve incluir também as emoções liberadas pelo pensamento de chapéu vermelho. As emoções – inclusive as que envolvem uma grande quantidade de interesses pessoais – são então examinadas para que possamos escolher a rota da nossa preferência. Todas as decisões estão baseadas em valores – nós respondemos emocionalmente a eles. A reação que manifestamos diante do valor da liberdade é emocional (sobretudo quando sentimos que fomos privados dela).

"Agora que já conseguimos montar o quadro mais claro possível da situação, vamos colocar o chapéu de pensamento vermelho e apresentar nossa escolha emocional quanto ao rumo a tomar."

"Entre as duas alternativas – continuar com a greve ou aceitar negociar –, prefiro a primeira. Não sinto que já tenha chegado o momento apropriado para as negociações. Até agora, nenhum dos lados foi prejudicado o bastante para querer desistir de nada."

Para aqueles que reconhecem o valor de expressar as emoções envolvidas no pensamento sobre determinado assunto, a linguagem do chapéu vermelho proporciona um meio útil de legitimá-las, de modo que elas possam tomar seu lugar no mapa final.

Mas será que o pensamento de chapéu vermelho consegue mesmo nos fazer extravasar as emoções ocultas?

"Sou contra a promoção da Cristina porque estou com inveja dela e da sua rápida ascensão na empresa."

Será que alguém teria coragem de revelar um sentimento dessa natureza? Provavelmente não. Mas a linguagem do chapéu vermelho nos fornece um meio de fazer isso de forma indireta.

"Agora vou colocar o chapéu vermelho e depois admitir que sou contra a promoção da Cristina porque estou com um pouco de inveja."

Ou:

"Vou usar a cobertura do chapéu vermelho e declarar que sou contra a promoção da Cristina. É somente um sentimento que eu tenho."

É importante lembrar que uma pessoa pode tomar por si mesma a decisão de colocar o chapéu de pensamento vermelho sem manifestar isso verbalmente. Isso lhe permite extravasar suas emoções de forma legítima.

"É possível que o elemento medo esteja envolvido nessa situação. Medo da confusão que vai ser criada pela troca de funções."

"Sim, estou muito irritada. Neste momento, tudo o que eu quero é ser indenizada. Não gosto de ser passada para trás."

"Tenho que admitir que não estou satisfeito com o cargo que ocupo."

O pensamento de chapéu vermelho estimula a investigação: "Quais são exatamente as emoções envolvidas nessa situação?"

CAPÍTULO

11

O pensamento de chapéu vermelho

A intuição e os palpites

Até que ponto a intuição é válida?
Qual é seu valor?
Como deve ser usada?

A PALAVRA *INTUIÇÃO* é empregada de duas maneiras. Ambas são corretas. Mas, em termos de funcionamento cerebral, são totalmente diferentes. A intuição pode ser usada no sentido de um insight. Isso quer dizer que algo que até então vinha sendo entendido de uma forma passa de repente a ser visto de outra maneira. Essa mudança pode resultar em criatividade, em uma descoberta científica ou em um salto quantitativo no desenvolvimento da matemática, entre muitas outras coisas.

A palavra *intuição* também é empregada com o sentido de apreensão ou compreensão imediata de uma situação. É o resultado de um julgamento complexo baseado na experiência – uma análise que provavelmente não pode ser separada em itens nem sequer expressa em palavras. Quando reconhecemos um amigo, isso ocorre de modo instantâneo, mas é o resultado de uma avaliação baseada em muitos fatores.

"Tenho a intuição de que o carro elétrico não vai vender."

Esse tipo de intuição pode estar ancorado em fatores como conhecimento do mercado, experiência com produtos similares e compreensão das decisões de compra na faixa de preço especificada.

É somente esse tipo de intuição fundamentada em um julgamento "complexo" que vou abordar aqui.

O palpite, a intuição e o sentimento são elementos muito próximos. Um palpite é uma hipótese baseada na intuição. O sentimento pode abranger desde uma espécie de ponto de vista estético (quase uma questão de gosto) até um julgamento definido.

> *"Sinto que ele recuará quando chegar o momento da decisão final."*

> *"Tenho o forte sentimento de que esta passagem de avião e aquela bicicleta são pistas essenciais para esclarecer o assassinato."*

> *"Estou sentindo que essa teoria não está certa. É complexa e confusa demais."*

Os cientistas famosos, os empresários bem-sucedidos e os generais vitoriosos parecem ter em comum esse "sentimento" em relação às situações. No caso de um empresário, podemos dizer que ele "tem faro para os negócios". Isso sugere que os lucros não são óbvios o bastante para serem vistos por todos, mas que um empreendedor com um olfato especialmente desenvolvido para farejar dinheiro consegue identificar as oportunidades para obtê-los.

Não existe nada infalível a respeito da intuição. No jogo, ela é notoriamente enganosa. Se por oito vezes seguidas der vermelho na roleta, a intuição sugere que da próxima vez vai dar preto. No entanto, a probabilidade de que o vermelho volte à cena é exatamente a mesma de antes. A mesa de jogo não tem memória.

Tudo bem, então como lidar com a intuição e o sentimento?

Em primeiro lugar, nós os validamos por meio do pensamento de chapéu vermelho. Esse chapéu nos permite pedir que os sentimentos sejam manifestados e também expressá-los como uma parte natural do nosso pensamento. Talvez as emoções e a intuição devessem ficar sob o comando de chapéus diferentes, no entanto isso apenas complicaria as coisas. Acredito que é possível abordar essas duas categorias juntas sob o título geral de "sentimentos", mesmo que sua natureza seja distinta.

Podemos tentar analisar as razões por trás de um julgamento intuitivo, mas é improvável que sejamos totalmente bem-sucedidos. Se não conseguimos determinar esses motivos, poderemos confiar no julgamento?

Seria difícil fazer um grande investimento com base apenas em um palpite. O melhor é considerar a intuição parte do mapa.

Podemos lidar com a intuição do mesmo modo que agiríamos com um consultor. Se as recomendações que ele nos deu no passado se mostraram confiáveis, é provável que prestemos mais atenção em suas próximas orientações. Da mesma forma, caso a intuição tenha se revelado acertada em muitas ocasiões, a tendência é ficarmos mais inclinados a escutá-la.

> *"Todos os fatores são contrários à redução dos preços, mas minha intuição me diz que essa é a única maneira de recuperarmos nossa fatia do mercado."*

Ao longo da carreira, um corretor imobiliário desenvolve senso de oportunidade. Sua experiência acumulada é expressa na forma de uma intuição que lhe diz quais negócios fazer e quais evitar. Portanto, se aplicada no campo imobiliário, a intuição desse profissional pode ser muito valiosa, pois se deve à sua vivência nessa área. Porém, talvez ela não se mostre muito útil caso seja aplicada, por exemplo, para indicar o resultado de uma eleição presidencial.

A intuição também pode ser administrada na base do "algumas vezes se ganha e algumas vezes se perde". Nem sempre ela é correta. Porém, se esteve certa mais vezes do que esteve errada, o resultado geral será positivo.

Seria perigoso acreditar que a intuição é um oráculo místico infalível. De qualquer forma, ela é parte integrante do pensamento. Existe. É real. E pode contribuir.

> *"Você faria o favor de colocar o chapéu vermelho e nos dizer qual é sua intuição quanto a essa fusão?"*

> *"Meu sentimento enquanto uso o chapéu vermelho é de que os preços dos terrenos vão subir extraordinariamente em pouco tempo."*

> *"Por favor, me diga sua impressão com o chapéu vermelho sobre a nova campanha publicitária da empresa."*

> *"Minha intuição com o chapéu vermelho me diz que essa oferta não será aceita."*

Em que ponto a intuição e a opinião se encontram? Já vimos que o pensamento de chapéu branco não permite a expressão de opiniões (embora autorize o relato daquelas que tenham sido emitidas por terceiros). Isso se deve ao fato de que as opiniões são baseadas em julgamentos, interpretações e intuições. O equilíbrio pode estar no lado do julgamento de fatos conhecidos ou no lado dos sentimentos fundamentados em fatores desconhecidos. É permitido manifestar opiniões durante o uso dos chapéus vermelho, preto e amarelo. Quando o chapéu vermelho estiver em cena, é melhor exprimir uma opinião como um sentimento.

> *"Minha impressão é de que o tédio é responsável pela maior parte dos crimes cometidos por adolescentes."*

> *"Tenho a sensação de que, para movimentar suas bilheterias, os cinemas estão precisando de filmes espetaculares que sejam anunciados em grande escala."*

CAPÍTULO

12

O pensamento de chapéu vermelho

A qualquer momento

Reagir e aborrecer-se.
É isso que sinto a respeito desta reunião.
Mostrar sentimentos ou escondê-los.

COM O CHAPÉU VERMELHO, os sentimentos podem ser manifestados a qualquer momento no decorrer de uma reunião, discussão ou conversa. Eles podem se referir à condução da própria reunião sem se dirigir somente ao assunto que está sendo debatido.

"Vou pegar o chapéu de pensamento vermelho e dizer a vocês que não estou gostando da maneira como esta reunião está sendo conduzida."

"Quero fazer uma declaração com o chapéu vermelho. Acho que estamos sendo forçados a fazer um acordo que não desejamos."

"Meu ponto de vista com o chapéu vermelho é que você nunca escuta a opinião de ninguém."

"Eu já disse tudo o que queria dizer. Agora vou tirar o chapéu vermelho."

Se comparada ao fluxo natural de emoções que se instala durante qualquer reunião, a convenção do chapéu vermelho pode parecer artificial e desnecessária. Será que alguém realmente precisa "colocar o chapéu vermelho" para ficar zangado? Não é possível expressar emoções apenas por meio de olhares e do tom de voz?

É exatamente essa *artificialidade* que confere ao chapéu vermelho um valor real. Em geral, as emoções demoram um pouco para tomar corpo e levam ainda mais tempo para se dissipar. Há ressentimento e irritação. As pessoas se sentem insultadas e também ofendem as outras. De certa forma, o chapéu vermelho nos permite ligar e desligar o "estado de emoção" em questão de segundos. Nós o colocamos e depois o tiramos. Os pontos de vista que manifestamos com ele são interpretados de forma menos pessoal do que as opiniões que emitimos sem ele porque todos reconhecem que se trata somente de uma linguagem formal.

A própria necessidade de "colocar" o chapéu vermelho já reduz a quantidade de enfrentamentos. Ninguém se dá ao trabalho de usá-lo sempre que imagina ter sofrido uma desconsideração. Assim que a linguagem desse chapéu é estabelecida e aceita por todos, manifestar pontos de vista emocionais sem colocá-lo primeiro é visto como grosseria.

Como o pensamento de chapéu vermelho proporciona um canal definido para a manifestação de sentimentos e emoções, não existe mais a necessidade de se fazerem intervenções a cada instante. Quem sente vontade de se expressar emocionalmente dispõe de um modo específico para isso.

Ninguém precisa tentar adivinhar quais são os sentimentos dos outros. Existe um meio de lhes perguntar isso diretamente:

> *"Quero que você coloque o chapéu vermelho e me diga francamente o que acha da minha proposta."*

"Sinto que você não gosta de mim. Quero sua resposta com o chapéu vermelho."

As pessoas apaixonadas gostam de ouvir seus parceiros dizerem claramente que as amam, mesmo quando não têm a menor dúvida desse amor.

"Passando para o nível do chapéu vermelho, quero dizer que estou muito satisfeito com a maneira como essa reunião está transcorrendo. Todos pensam assim?"

"Sinto que todos nós desejamos que esse acordo seja firmado e assinado. Roberto, você pode fazer a gentileza de manifestar seu ponto de vista sobre isso usando o chapéu vermelho?"

Não devemos exagerar no uso da linguagem do chapéu vermelho ao ponto de criarmos situações absurdas. É desnecessário adotá-la formalmente sempre que um sentimento é manifestado. Seu emprego tem que se limitar aos casos em que expressamos ou solicitamos um sentimento de modo formal e definido:

"Se você fizer mais uma afirmação com o chapéu vermelho, vou colocá-lo fora do seu alcance."

"Você poderá nos dar somente uma declaração geral com o chapéu vermelho, depois abordaremos outro tópico. Qual é sua impressão sobre esse assunto?"

"Desejo apenas a oportunidade de fazer uma afirmação com o chapéu vermelho. Depois vou guardá-lo e não pretendo usá-lo outra vez."

CAPÍTULO

13

O pensamento de chapéu vermelho

O uso das emoções

O pensamento pode mudar as emoções?
O pano de fundo emocional.
As emoções como posições de barganha.
As emoções, os valores e as escolhas.

ASSIM QUE AS EMOÇÕES são expostas por meio da linguagem do chapéu vermelho, podemos tentar explorá-las e até mesmo modificá-las. Essa iniciativa, porém, já não faz parte da linguagem desse chapéu.

O pensamento é capaz de alterar as emoções. Não é seu aspecto lógico que as transforma, e sim seu componente perceptual. Se passarmos a encarar algo de forma diferente, nossas emoções podem ser modificadas de acordo com essa mudança de percepção.

> *"Não veja isso como uma derrota. Encare o que aconteceu como uma forma poderosa de descobrir as fraquezas e os pontos fortes do seu desempenho no tênis."*

> *"Essa oferta lhe pareceria aceitável caso a iniciativa de fazê-la tivesse partido de você?"*

"Registre esse fato como uma experiência essencial de aprendizagem, e não como um erro de julgamento. Aprender sempre sai caro. Mas não vamos precisar passar por isso outra vez."

Nem todas as vezes é possível sugerir percepções que sejam capazes de alterar as emoções ou de fazer com que elas se dissipem. No entanto, sempre vale a pena tentar.

Quando são manifestadas, as emoções fornecem um pano de fundo constante para o pensamento e a discussão. Existe uma consciência permanente da existência dessa base emocional. A concretização das decisões e dos planos é vista de acordo com esse pano de fundo especificamente. Mas, de vez em quando, é útil imaginar outro tipo de cenário emocional para que possamos saber como as coisas poderiam ser diferentes naquele caso.

"Todos estamos cientes de que essas negociações estão sendo realizadas em um cenário marcado pela desconfiança. Vamos tentar imaginar como seria nosso pensamento se cada um dos lados realmente confiasse no outro."

"Há um sentimento de que qualquer coisa que possamos decidir aqui não vai fazer grande diferença. Os eventos já assumiram o controle da situação. Apesar disso, vamos imaginar que não é assim e que ainda temos o poder de controlar as coisas."

"Temos que nos conscientizar desse clima de raiva que se instalou. Não podemos ignorá-lo."

Como indiquei antes, as emoções e os sentimentos ajudam a colorir o mapa. Com a utilização do chapéu vermelho, temos condições de conhecer essas "regiões" que estão sendo fortemente matizadas por um ponto de vista emocional. Ao projetarmos possíveis soluções para as disputas, podemos nos manter afastados dessas áreas.

> *"A proposta de restringir o trabalho que você executa para as empresas concorrentes é obviamente um ponto sensível. Vamos deixar isso em suspenso por enquanto."*

> *"Esse dirigente do sindicato nunca vai concordar com nada que lhe pareça ser um corte nos salários. Ele já disse isso com bastante veemência."*

As emoções costumam ser utilizadas para estabelecer posições de barganha. Não estou falando de amuos, ameaças, chantagens nem de apelos à piedade. Refiro-me ao valor emocional que é atribuído a determinados assuntos. O princípio do valor variável está na base de todas as negociações. Algo tem um valor para uma parte e um valor diferente para a outra. Ambos podem ser expressos diretamente por meio do pensamento de chapéu vermelho.

> *"A habilidade de cruzar os limites estipulados pelo sindicato é muito importante para nossa produtividade."*

> *"Devemos insistir para que os procedimentos disciplinares adequados sejam seguidos. Não estamos dizendo que Carla é inocente, mas que os procedimentos estabelecidos devem ser respeitados."*

Em geral se concorda que o propósito final de todo pensamento é a satisfação pessoal. Assim, em última análise, o objetivo do pensamento de chapéu vermelho é satisfazer as emoções que foram expressas.

A dificuldade surge em três aspectos. Primeiro, o curso de ação proposto realmente vai funcionar no sentido de atender os desejos que foram manifestados?

"Não sinto que baixar os preços fará com que as vendas aumentem."

A segunda fonte de dificuldade surge quando a satisfação dos desejos de uma das partes só pode ser obtida à custa da outra parte.

"Podemos aumentar as horas extras ou contratar mais operários. A primeira hipótese beneficiaria aqueles que já trabalham conosco. A segunda seria vantajosa para algumas pessoas que estão desempregadas."

A terceira fonte de dificuldades é o conflito entre a satisfação a curto prazo e a satisfação a longo prazo. Um postulado básico do cristianismo expressa esse ponto de forma muito clara: "De que serve a um homem ganhar o mundo inteiro se ele perder sua alma?" (Mt. 16:26)

"Podemos aumentar o preço dos anúncios e ter um rendimento maior imediatamente. No entanto, a longo prazo, estaremos fazendo com que nossos anunciantes nos deixem e busquem outro tipo de mídia."

"Se baixarmos os preços a fim de atrair clientes de outras companhias aéreas, podemos obter uma vantagem temporária. Mas logo os concorrentes vão criar uma promoção parecida para acompanhar nossos preços e, assim, perderemos os clientes de novo. E a lucratividade mais baixa permanecerá."

"Eu realmente adoraria comer todo esse prato de batatas fritas, mas isso não vai me ajudar a resolver meu problema de peso."

"Só vou investir dinheiro nessa peça porque gosto da Fernanda, a atriz que faz o papel principal, e quero vê-la com mais freqüência."

"Gostaria de ser visto como alguém disposto a apoiar novos e estimulantes desenvolvimentos na área tecnológica. Porém, sei que, a longo prazo, aquilo que meus clientes de investimentos querem é um crescimento constante dos lucros."

As emoções fazem parte tanto do método de pensamento quanto do assunto sobre o qual se pretende pensar. É inútil esperar que elas desapareçam e deixem o campo livre para o pensamento puro.

CAPÍTULO

14

O pensamento de chapéu vermelho

A linguagem das emoções

As emoções não têm que ser lógicas nem coerentes.
Elas podem ser ajustadas numa sintonia fina com uma linguagem correspondente.
Resista à tentação de justificá-las.

O ASPECTO MAIS DIFÍCIL do uso do pensamento de chapéu vermelho é resistir à tentação de justificar uma emoção que foi expressa. Essas explicações tanto podem ser verdadeiras quanto falsas. Em ambos os casos, o pensamento de chapéu vermelho torna todas elas desnecessárias.

"Nem tente explicar por que desconfia dele. Você desconfia e pronto."

"Você gosta da idéia de abrirmos um escritório nesta cidade. Não é preciso entrar em detalhes para explicar por que essa possibilidade lhe agrada. Isso pode ser feito mais tarde, quando estivermos mais perto de tomar uma decisão sobre esse assunto."

Somos educados para nos desculpar por emoções e sentimentos porque eles não são considerados parte do pensamento lógico. É por isso que tendemos a tratá-los somente como uma extensão da lógica: se não simpatizamos com alguém, deve haver uma boa razão para isso; caso gostemos de um projeto, nossa apreciação deve ser baseada num motivo sensato. O pensamento de chapéu vermelho nos livra dessas obrigações.

Isso significa que temos liberdade de ter e defender qualquer preconceito que nos agrade? Não existe um imenso perigo nisso? Pelo contrário. Preconceitos que são aparentemente fundamentados na lógica podem ser mais perigosos do que aqueles que são reconhecidos como emoções.

Não me oponho ao exame das emoções nem à investigação das suas causas. No entanto, isso não faz parte da linguagem do chapéu vermelho.

As emoções são instáveis e muitas vezes incoerentes. Certa vez os americanos responderam a um questionário para informar sobre sua posição quanto ao envolvimento dos Estados Unidos na América Central. A maioria se disse favorável a essa ação. Contudo, ao mesmo tempo, observou-se a existência de uma maioria contrária a cada um dos métodos individuais sugeridos para isso. É possível, portanto, estar a favor de um envolvimento abstrato, mas adotar a posição contrária quando ele é apresentado em termos concretos. Em termos lógicos, isso pode não ter sentido, porém no mundo das emoções é perfeitamente válido.

A convenção do chapéu vermelho não é uma trombeta para alardear emoções, embora algumas pessoas possam sentir-se tentadas a utilizá-la dessa maneira. A linguagem desse chapéu lembra muito mais um espelho pois reflete as emoções em toda a sua complexidade.

Dizem que os inuítes (povo esquimó) têm 20 palavras diferentes para neve. Há culturas que possuem uma série de termos para designar os vários tipos de amor. O inglês e a maioria das línguas européias não dispõem de um grande número de palavras indicadoras de emoções, pelo menos não de uso comum.

Há gosto/não gosto, amo/odeio, me agrada/não me agrada, feliz/infeliz. Por exemplo, poderíamos cunhar termos que indicassem sentimentos como indeciso-positivo e indeciso-negativo.

Uma vez que o pensamento de chapéu vermelho nos permite expressar os sentimentos abertamente e com ousadia, podemos tentar ajustá-los numa sintonia fina para que correspondam a cada situação. Sem esse chapéu, tendemos a nos limitar ao uso das palavras de significado mais forte, reforçando-as com o tom de voz e com expressões faciais.

> *"Estou percebendo sua hesitação com referência a esse negócio. Você não quer fechar, mas, ao mesmo tempo, não pretende ser deixado de fora. Sua intenção é ficar de sobreaviso, esperando para entrar em cena quando achar que é melhor para você."*

> *"Você não chega a ter antipatia da Sandra, porém não se sente confortável em relação a ela. Na verdade, você adoraria ter um bom motivo para não gostar dela."*

> *"Nós não estamos em sintonia quanto a esse assunto."*

> *"Percebo que há um clima silencioso de desmotivação quanto a essa iniciativa. Não chega a ser uma perda de entusiasmo, e sim alguma coisa que se parece com um escapamento de ar muito lento em um bote de borracha. Não dá para ver nada acontecendo, mas, quando se olha de novo depois de algum tempo, ele está claramente mais murcho do que antes."*

O pensamento de chapéu vermelho nos permite ser mais como os poetas na manifestação dos sentimentos. É ele que garante aos sentimentos o direito de se tornarem aparentes.

CAPÍTULO

15

Sumário do pensamento de chapéu vermelho

USAR O CHAPÉU VERMELHO nos dá a liberdade de dizer: "É isso que sinto a respeito desse assunto." O pensamento de chapéu vermelho legitima emoções e sentimentos como parte importante do processo de pensamento. Por meio dele os sentimentos se tornam aparentes e podem ser integrados ao mapa do pensamento e ao sistema de valores que escolhe a rota a ser tomada.

Com o pensamento de chapéu vermelho, dispomos de um método para ligar e desligar o "estado da emoção", algo que não seria possível sem ele. Temos a oportunidade de conhecer os sentimentos das pessoas simplesmente pedindo-lhes que manifestem seus pontos de vista usando esse chapéu.

Quando uma pessoa está com o chapéu vermelho, ela *nunca* deve tentar justificar sentimentos nem lhes dar uma base lógica. O pensamento de chapéu vermelho abrange duas categorias de sentimentos. Em uma delas estão as emoções comuns, como medo e antipatia, até outras mais sutis, como a suspeita. Na outra estão os julgamentos complexos que compõem os sentimentos, como palpites, intuições, sensação, gosto, percepção estética, e outros que não têm justificativa lógica. Quando uma opinião apresenta um forte componente desse tipo de instinto, ela pode também se encaixar no pensamento de chapéu vermelho.

O CHAPÉU PRETO

O CHAPÉU PRETO é o mais usado dos seis chapéus. E talvez seja o mais importante de todos eles. É o chapéu da cautela. Sua função é nos tornar prudentes. Ele nos impede de cometer atos ilegais, perigosos, prejudiciais, poluidores, e assim por diante.

O chapéu preto está associado à sobrevivência. Um animal precisa aprender quais frutas são venenosas e reconhecer os sinais de perigo de um predador. Necessitamos de cautela para sobreviver. Devemos saber o que evitar. Temos que ser capazes de identificar o que não vai funcionar. É assim que nos mantemos vivos. Um único erro idiota e podemos ser extintos, não importa o grau de criatividade que tenhamos atingido.

O pensamento de chapéu preto é a base da civilização ocidental porque ele é a base do pensamento crítico. O fundamento da discussão tradicional tem sido demonstrar como algo é contraditório ou incoerente. O pensamento de chapéu preto indica como alguma coisa não se encaixa em nossos recursos financeiros, em nossa política corporativa, em nossa estratégia, em nossa ética, em nossos valores individuais, etc.

Esse tipo de pensamento está ancorado em um recurso natural da mente – o mecanismo da "não-correspondência". O cérebro estabelece padrões de expectativa: o mundo é assim. Quando encontramos alguma coisa que não corresponde a esses padrões preexistentes, sentimos um grande desconforto. O objetivo desse mecanismo natural é nos impedir de cometer erros.

A comida é uma coisa excelente. É essencial para a vida. Mas, em excesso, pode causar aumento de peso e provocar problemas de saúde. Isso não é culpa dos alimentos. É o resultado de comer demais.

Do mesmo modo, há pessoas que usam exageradamente o pensamento de chapéu preto e passam todo o seu tempo tentando encontrar defeito nas coisas. O problema não é do pensamento de chapéu preto, e sim do abuso que fazemos dele ou da sua utilização incorreta.

Um dos principais valores do Método dos Seis Chapéus é que existe um período determinado em que todos são convidados a ser tão cautelosos, cuidadosos e críticos quanto possível. No entanto, fora desse tempo estabelecido, não é permitido criticar as coisas sempre que isso parecer conveniente ou necessário.

A experiência demonstra que indivíduos habitualmente cautelosos e que adquiriram a reputação de serem críticos aceitam muito bem o Método dos Seis Chapéus. O pensamento de chapéu preto lhes dá a oportunidade de utilizar sua capacidade crítica ao máximo. Quando há troca para outro chapéu, essas pessoas têm permissão para deixar de ser prudentes. Em muitos casos, elas surpreendem a si mesmas ao se mostrarem muito criativas no momento em que colocam o chapéu verde.

CAPÍTULO

16

O chapéu preto

Cautela e cuidado

A forma como algo não se encaixa em nossa experiência.
Por que alguma coisa pode não funcionar.
De que maneira apontar as dificuldades e os problemas.
Como permanecer na legalidade.
A conservação dos valores e da ética.

O CHAPÉU PRETO é o chapéu "natural" na tradição do pensamento ocidental. É com ele que apontamos para o que está errado, mostramos o que não se encaixa e demonstramos o que não vai funcionar. Ele nos impede de desperdiçar dinheiro e energia. Graças à sua proteção, não fazemos coisas tolas nem infringimos a lei.

O pensamento de chapéu preto é invariavelmente lógico. Sempre deve haver uma base lógica para qualquer crítica. Se o comentário for apenas emocional, ele tem que ser feito com o chapéu vermelho, e não com o chapéu preto.

– Não gosto da idéia de baixar nossos preços.

– Esse é um pensamento de chapéu vermelho. Quero que você me dê seu pensamento de chapéu preto: exponha suas razões lógicas.

– Está bem. De acordo com nossa experiência prévia – que posso expor usando os números que correspondem aos

resultados das vendas –, a redução dos preços não gerou um volume de vendas suficiente para compensar a diminuição da margem de lucro. Além disso, nossos concorrentes têm um histórico de baixar os preços para nos enfrentar nessa competição.

As razões do pensamento de chapéu preto devem ser capazes de justificar a si mesmas. Elas têm que fazer sentido. Precisam ser aceitáveis num relato normal, e não somente quando apresentadas por uma pessoa com poder de persuasão.

O pensamento de chapéu preto não é equilibrado. Com esse chapéu, o cérebro é estimulado a procurar possíveis perigos, problemas e obstáculos. A ênfase é dada ao motivo de algo não funcionar ou por que determinada ação pode não corresponder à atitude certa a tomar. O lado oposto disso é apresentado pelo pensamento de chapéu amarelo.

Já foi sugerido que deveria haver um único chapéu chamado *julgamento*. Sob sua orientação, nós procuraríamos os prós e os contras de determinada situação ou solução. Embora isso possa funcionar teoricamente, não dá certo na prática. A sensibilização do cérebro só pode ser feita em relação a uma única direção de cada vez.

A especificidade do pensamento de chapéu preto nos libera da necessidade de sermos justos e de vermos os dois lados da questão da mesma forma. Com esse chapéu, somos encorajados a ser tão cautelosos quanto possível. No caso do chapéu amarelo, ao contrário, a idéia é sairmos em busca de possíveis benefícios. Ninguém pode fazer as duas coisas ao mesmo tempo com eficiência.

Assim como ocorre com os demais chapéus, os comentários pertinentes ao pensamento de chapéu preto sempre dependem de um contexto em particular: "Este carro é capaz de rodar a apenas 60km por hora."

Que tipo de comentário é esse?

Poderia ser uma observação feita com o chapéu branco, pois é uma simples declaração de um fato.

Mas poderia ser também uma afirmação formulada com o chapéu preto. De modo geral, esperamos que os carros sejam capazes de se deslocar mais depressa do que isso. Em um sentido específico, se estamos com pressa de chegar a algum lugar, esse é um registro que se afina totalmente com o pensamento de chapéu preto.

Há circunstâncias, no entanto, em que ele se tornaria um comentário feito com o chapéu amarelo. Imagine que esse seja o primeiro carro entregue a um rapaz que ainda está praticando aulas de direção. O fato de que o automóvel atinge no máximo a velocidade de 60km por hora pode ser uma vantagem, uma vez que esse fator pode reduzir o risco de acidente grave.

O pensamento de chapéu preto legitima o valor e a importância da precaução.

"Posso ver que essa idéia é bastante atraente. Consideramos todos os benefícios. Mas acredito que precisamos agora de um pouco de pensamento de chapéu preto. Temos que conhecer os perigos e as dificuldades potenciais. Quais são os pontos negativos?"

"Precisamos ter consciência dos possíveis riscos para que possamos estar preparados para todas as eventualidades. Necessitamos de pensamentos de chapéu preto."

"Sou totalmente a favor da nomeação do Pedro para esse cargo. De qualquer modo, é mais sensato praticarmos um pouco do pensamento de chapéu preto primeiro."

"As vendas cresceram de modo extraordinário depois daquela campanha publicitária. Existe alguma coisa contra a qual devemos nos precaver? Vamos passar agora para o pensamento de chapéu preto."

"Nós dois gostamos muito desta casa. Essa foi uma intensa manifestação do pensamento de chapéu vermelho. Agora vamos exercitar o pensamento de chapéu preto por alguns minutos."

O pensamento de chapéu preto atribui o devido lugar ao pensamento cauteloso. Ao endossar e legitimar a precaução, ele também indica que esse é apenas um modo de pensar. E ele deve ser usado de forma adequada e com eficiência.

Para se obter o valor completo de qualquer sugestão ou idéia, é importante que a aplicação do pensamento de chapéu preto seja completa. Isso é útil tanto para o julgamento da idéia quanto para seu projeto.

Em seu papel avaliador, o chapéu preto ajuda alguém a decidir se vai seguir em frente com a idéia ou abandoná-la. A decisão final é embasada em uma combinação de chapéu branco (fatos), chapéu amarelo (benefícios), chapéu preto (cautela) e chapéu vermelho (intuição e sentimento).

Em sua função de "projetista", o pensamento de chapéu preto destaca os pontos fracos de uma idéia para que eles possam ser corrigidos.

"Essa idéia parece excelente. Mas vamos fazer agora um grande esforço com o pensamento de chapéu preto, a fim de identificarmos seus pontos fracos. Assim poderemos fazer alguma coisa para corrigi-los neste momento, na fase do projeto, em vez de só os descobrirmos tarde demais."

"Já nos decidimos por esse curso de ação. No entanto, precisamos estudar todos os problemas potenciais – os obstáculos e as dificuldades que possam surgir – para que possamos planejar a maneira de superá-los. Para isso, vamos precisar do chapéu preto."

CAPÍTULO

17

O pensamento de chapéu preto

Seu conteúdo e seu processo

Apontar os erros de raciocínio.
Questionar a força da evidência.
De onde vem a conclusão?
É a única conclusão possível?

UMA GRANDE PARTE da discussão tradicional no Ocidente diz respeito justamente ao processo da discussão: se ele está errado, então a conclusão não pode estar certa. Na realidade, a conclusão pode estar correta, mas não ter sido provado que ela está certa.

Uma vez que o Método dos Seis Chapéus é tão diferente do debate argumentativo, não há necessidade de discutir o processo em detalhes. No entanto, com o uso do chapéu preto, é possível apontar as deficiências do próprio processo de pensamento.

"Essa observação que você acaba de fazer é uma suposição, e não um fato."

"Sua conclusão não decorre daquilo que você acabou de nos relatar."

"Esses números não são os mesmos que você nos mostrou na última vez."

"Isso que você está dizendo é apenas uma explicação possível. Mas não é a única."

Todo o valor do método seria destruído se fosse permitido a alguém interromper a reunião a qualquer momento com comentários desse tipo. Isso traria de volta as limitações do debate argumentativo. Desse modo, a pessoa deve anotar todas as observações críticas que lhe ocorrerem e apresentá-las somente quando o chapéu preto estiver em uso.

Vamos supor que no período de utilização do chapéu branco alguém exiba um quadro com resultados de vendas. Um dos participantes da reunião sabe que esses números são de cinco anos atrás. Essa pessoa deve interromper o expositor e apontar o erro? Seria melhor que ela destacasse outro ponto usando o chapéu branco.

"Os números que você está apresentando são de cinco anos atrás. Não dispomos de resultados mais atualizados."

Uma vez que o Método dos Seis Chapéus é muito diferente da discussão, as regras da argumentação não se aplicam aqui. Não se trata mais de debater um ponto após o outro, e sim de preencher o espaço com possibilidades.

"Se aumentarmos as sentenças de prisão e outras punições, conseguiremos reduzir a taxa de criminalidade."

Essa parece ser uma dedução lógica, porém, na prática, pode não se mostrar válida. Se o risco de alguém ser preso for muito baixo ou caso se acredite que ele seja muito baixo, intensificar as punições pode surtir pouco efeito. Também é possível que os crimes passem a ser mais violentos – os criminosos talvez se inclinem a matar as vítimas, a fim de eliminar testemunhas. De forma semelhante, penas mais longas podem transformar delinqüentes casuais em marginais contumazes por meio da influência de outros presidiários.

Mas tudo isso são apenas possibilidades. Grande parte das vezes, a prova nada mais é que falta de imaginação.

Se existissem números reais de pensamento de chapéu branco para demonstrar que o aumento das punições reduziria a criminalidade a longo prazo do mesmo modo que parece fazê-lo a curto prazo, esses resultados concretos seriam mais valiosos do que qualquer dedução que parecesse lógica.

"O número de viagens durante os feriados provavelmente irá aumentar porque a renda familiar está crescendo, as passagens de avião estão ficando mais baratas e a organização dos passeios está melhorando."

"É possível que as pessoas acabem se entediando com as viagens. A tecnologia talvez forneça novas formas de entretenimento doméstico. Doenças de lugares distantes podem igualmente desestimular o hábito de viajar."

Essas possibilidades são expostas uma ao lado da outra, como no pensamento paralelo. Esse tipo de pensamento alinha diferentes pontos de vista e discordâncias.

A dedução lógica insiste na certeza. O Método dos Seis Chapéus trabalha com possibilidades e probabilidades. No mundo real, é muito difícil ter certeza. As ações têm que ser entendidas como "probabilidades".

"Sem dúvida, essa é uma possibilidade. Mas você ainda não provou que é uma certeza."

De fato, existem ocasiões em que determinados assuntos podem ser tratados de maneira lógica, simples e direta. Porém, a maior parte do pensamento prático está embasada em probabilidades.

Embora seja muito tentador, não é permitido usar o pensamento de chapéu preto para retomar "discussões". Erros de procedimento podem ser apontados. Declarações paralelas que expressem pontos de vista diferentes também são admitidas. No fim, deve haver um mapa claro e minucioso de possíveis obstáculos, problemas, dificuldades e perigos. Todos esses elementos podem ser esclarecidos e detalhados.

Com o pensamento de chapéu verde é feita uma tentativa de superar ou enfrentar as dificuldades levantadas durante o uso do chapéu preto.

Mas no início as pessoas sentirão muita dificuldade em não se lançar à discussão ou discordar de um ponto que acabou de ser mencionado. Caberá ao presidente da reunião ou ao facilitador manter a disciplina dos chapéus.

CAPÍTULO

18

O pensamento de chapéu preto

O passado e o futuro

O que é provável que venha a ocorrer no futuro?
Isso se encaixa em nossa experiência prévia?
Quais são os possíveis riscos?

UMA FUNÇÃO MUITO importante do pensamento de chapéu preto é a avaliação do risco. Todas as ações propostas serão realizadas no futuro. Essa é uma diferença fundamental entre o pensamento "acadêmico" e o pensamento "do mundo real". Para o pensamento acadêmico, é suficiente descrever, analisar e oferecer explicações. No mundo real, há o elemento da ação – aquilo que costumo chamar de *operacionalidade.*

O que vai acontecer se executarmos essa ação?
O resultado será aceitável?
Dispomos dos recursos para colocá-la em prática?
Como as pessoas vão reagir?
Como os concorrentes vão reagir?
O que pode dar errado?
Quais são os problemas potenciais?
Isso continuará a ser lucrativo?

Temos que basear as especulações sobre o futuro na nossa própria experiência e na de outros indivíduos.

"Em épocas de inflação as pessoas economizam mais."

"Em épocas de inflação as pessoas economizam menos."

Ambas as declarações estão corretas. Onde existe uma história prévia de inflação, as pessoas economizam menos porque sabem que o dinheiro acaba perdendo o valor. Quando não existe uma experiência anterior do gênero, elas começam a economizar mais, pois imaginam que precisarão de dinheiro mais adiante. Onde existe um alto nível de sofisticação financeira, as pessoas podem preferir fazer empréstimos a economizar supondo que a taxa final de juros talvez se torne negativa.

"Depois de 20 anos na indústria de cosméticos, quero dizer que, na minha experiência, não se pode anunciar a mesma marca como um produto de alta classe e ao mesmo tempo como um produto popular. Simplesmente não funciona."

"No setor hoteleiro, o mesmo produto básico pode receber dois nomes diferentes e ser vendido em duas faixas de preço bastante distintas. Essa tática já alcançou sucesso no passado."

Ambos os pontos de vista são válidos porque estão embasados na experiência. Um deles seria exposto com o chapéu preto e o outro, com o chapéu amarelo. Na prática, o comentário feito com o chapéu amarelo poderia ser apresentado com o chapéu preto, mas como um desafio à afirmação sobre a indústria cosmética: "Isso não é necessariamente verdadeiro, pois no setor hoteleiro..."

Ao olharmos para o futuro enquanto aprendemos com as lições do passado, o importante é sempre observar se a lição em particular é relevante no momento. As circunstâncias são iguais?

"Essa política de marcas pode funcionar em hotéis, onde não se experimentam diretamente dois produtos ao mesmo tempo. Mas talvez não seja verdadeira no caso de um café da manhã preparado com cereais diferentes."

Uma forma de apresentar comentários de acordo com o pensamento de chapéu preto é começar dizendo: "Vejo o perigo..."

"Vejo o perigo de que nossos concorrentes também baixem os preços e os equiparem aos nossos."

"Vejo o perigo de um excesso de produção de leite."

"Vejo o perigo de que uma nova companhia de seguros ofereça apenas coberturas essenciais."

"Vejo perigo em aumentar muito o preço dos nossos vinhos porque hoje há muitas indústrias produzindo excelentes vinhos em todo o mundo."

CAPÍTULO

19

O pensamento de chapéu preto

O problema do desgaste

É fácil criticar.

Algumas pessoas só gostam de fazer críticas.

A necessidade de contribuir.

COMO EU DISSE ANTES, o chapéu preto é excelente. Mas, assim como outras coisas muito boas, ele pode acabar sendo usado em excesso ou mal utilizado. A massa é um ótimo alimento; porém, se a comermos todos os dias no almoço e no jantar, logo perderemos o entusiasmo por seu sabor.

É muito mais fácil ser crítico do que ser construtivo. É difícil elaborar o projeto de uma cadeira. Criticá-lo é bem mais simples. Caso ele não apresente linhas elaboradas, dizemos que é sem graça ou que está fora de moda. Se for requintado, o chamamos de vulgar ou pretensioso. Escolhendo deliberadamente um conceito diferente daquele que foi apresentado, é sempre possível criticar – se estivermos inclinados a fazer isso.

Existem indivíduos cuja importância pessoal e auto-imagem estão baseadas em sua disposição para criticar. Em uma reunião, as pessoas querem se envolver, ser percebidas, colaborar, e a forma mais fácil de contribuição é uma intervenção do tipo "Sim, mas...". Se 95% da idéia é excelente, a tendência é enfocar os 5% que não são tão maravilhosos assim. Isso é útil no estágio da concepção porque os 5% defeituosos poderão ser corrigidos. No entanto, esse tipo de procedimento tem bem menos serventia na fase de avaliação, quando os 95% devem ser reconhecidos.

O uso excessivo do pensamento de chapéu preto não ajuda em nada. Algumas vezes, isso produz simplesmente comentários impulsionados pelo ego. Alguém que é incapaz de fazer qualquer outra espécie de apreciação fica limitado a observações críticas. Na maior parte das vezes, isso se deve ao costume. O hábito da discussão admite comentários negativos em qualquer ponto da argumentação.

Quando as pessoas se habituam à estrutura dos seis chapéus, elas costumam sair do "estado de precaução permanente". Embora seu desempenho com o chapéu preto seja bom, elas se tornam capazes de agir igualmente bem com o chapéu amarelo ou com o chapéu verde. Passam a apreciar muito a oportunidade de demonstrar sua habilidade de fazer comentários de vários tipos.

É importante reconhecer a excelência e a importância do pensamento de chapéu preto e, ao mesmo tempo, evitar seu emprego excessivo.

CAPÍTULO

20

Sumário do pensamento de chapéu preto

O PENSAMENTO DE CHAPÉU PRETO está ligado à precaução. Em algum momento, temos que identificar os riscos, perigos, obstáculos, problemas em potencial e pontos negativos de uma sugestão. Seria uma grande tolice seguir em frente com uma idéia sem considerar completamente o aspecto da cautela. Ele procura evitar perigos e dificuldades. Aponta para elementos que precisam ser vistos com atenção, pois podem ser falhos ou causar danos.

Esse pensamento pode ser usado como parte da avaliação: devemos seguir em frente com essa sugestão? É aplicado no processo de elaboração: quais são os pontos fracos que precisamos superar? Seu propósito é revelar os riscos e descrever os perigos potenciais que podem surgir no futuro: o que pode dar errado caso implementemos essa idéia?

Está associado ao sentido de adequação. Essa sugestão se encaixa em nossas experiências passadas? É apropriada à nossa política e estratégia corporativas? Está de acordo com a ética e os valores que observamos? É compatível com nossos recursos?

Com ele focalizamos os aspectos da "precaução". Essa é a base da sobrevivência, do sucesso e da civilização.

O CHAPÉU AMARELO

PENSE NA LUZ DO SOL. Pense no otimismo. Com o chapéu amarelo, uma pessoa se lança deliberadamente em busca de qualquer benefício que possa encontrar em determinada sugestão. E tenta ver como é possível colocar essa idéia em prática.

Mas o chapéu amarelo é mais difícil de usar do que o chapéu preto. Há um mecanismo natural no cérebro que nos ajuda a evitar perigos. Não existe um recurso semelhante para o chapéu amarelo. Por essa razão, a maioria das pessoas é muito melhor na utilização do pensamento de chapéu preto do que na aplicação do pensamento de chapéu amarelo.

Precisamos desenvolver uma "sensibilidade para valores". Isso significa nos tornar tão sensíveis para eles quanto somos para os perigos. Esse é um hábito que necessitamos cultivar. Já participei de um grande número de reuniões criativas em que excelentes idéias foram apresentadas. Infelizmente, as pessoas muitas vezes não percebiam a qualidade das suas próprias sugestões. É uma perda de tempo esforçar-se para ser criativo quando não se tem a capacidade de reconhecer uma boa idéia. É por isso que o desenvolvimento da sensibilidade para valores é tão importante.

O pensamento de chapéu amarelo tem muita importância porque nos força a dedicar um tempo a buscar valores. Algumas vezes surgem grandes surpresas. De repente, algo que não parecia muito interessante adquire um alto valor. Se procurarmos com empenho, podemos encontrar qualidades até mesmo nas idéias menos atraentes.

É imprescindível que o pensamento de chapéu amarelo tenha uma base lógica. Precisamos apresentar uma razão para justificar o valor que estamos sugerindo. Esse é um chapéu de julgamento – seu fundamento não é a fantasia. Quais são os benefícios? Para quem? Em que circunstâncias? Como eles são apresentados? Que outras qualidades existem?

CAPÍTULO

21

O chapéu amarelo

Especulativo-positivo

Pensamento positivo.
O amarelo representa a luz solar e o brilho.
Otimismo.
Enfoque nos benefícios.
Pensamento construtivo: como fazer as coisas acontecerem.

SER POSITIVO É UMA ESCOLHA. Podemos decidir olhar para as coisas de modo construtivo. Podemos focalizar os aspectos favoráveis de determinada situação. Podemos buscar benefícios.

O pensamento negativo nos protege de cometer erros, correr riscos e enfrentar perigos. O pensamento positivo é uma mistura de curiosidade, prazer, ambição e desejo "de fazer as coisas acontecerem". Em meu livro *Tática – A arte e a ciência do sucesso*, assinalo que o único aspecto que caracteriza as pessoas bem-sucedidas é sua vontade avassaladora de fazer com que as coisas se concretizem.

Classifiquei o pensamento de chapéu amarelo como "especulativo-positivo" porque, com qualquer plano ou ação, estamos esperando pelo futuro. Será nele que as coisas se realizarão. Não podemos ter tanta certeza sobre o futuro quanto temos em relação ao passado, por isso somos forçados a especular sobre o que pode ocorrer. Optamos por executar uma ação porque ela vale a pena. É a análise que fazemos desse valor que fornece o aspecto "positivo" do pensamento especulativo-positivo.

Mesmo quando pensamos em algo que já aconteceu, podemos escolher observar somente os aspectos positivos daquele fato ou extrair dele uma interpretação positiva.

"O lado bom disso é que agora sabemos como ele vai agir. A incerteza acabou."

"Não passar naquele concurso foi a melhor coisa que poderia ter acontecido à Maria. Ela nunca se sentiria feliz trabalhando como professora."

Alguns indivíduos têm o hábito natural de serem positivos. Em sua maioria, as pessoas são positivas quando estão expondo uma de suas próprias idéias. Elas também apresentam essa disposição favorável em relação a uma sugestão qualquer quando identificam nesta algo para si próprias. O interesse pessoal é uma base forte para o pensamento positivo. O pensamento de chapéu amarelo não tem que aguardar por esse tipo de motivação. Ele é um dispositivo que decidimos adotar deliberadamente. O aspecto favorável não é o resultado de ver mérito em uma idéia – ele precede essa percepção. O chapéu amarelo vem primeiro. Nós o colocamos e, depois, seguimos seus *requisitos*, mostrando-nos positivos e otimistas.

Voltando à analogia com a impressão gráfica que empreguei anteriormente: o pensamento de chapéu amarelo acrescenta a cor amarela do mesmo modo que o pensamento de chapéu vermelho adiciona a cor vermelha.

"Antes que você faça qualquer coisa, quero que coloque o chapéu amarelo e me diga o que pensa a respeito dessa nova abordagem."

"Você já me deu todas as razões que explicam por que não gosta dessa idéia e por que ela provavelmente será um fracasso. Agora, quero que ponha seu pensamento de chapéu amarelo firmemente no lugar. O que está vendo?"

"Do ponto de vista do chapéu amarelo, você consegue identificar algum mérito em usarmos plástico em vez de metal na fabricação dessa peça? O custo seria mais ou menos o mesmo."

"Acabei de ter a idéia de vender batata frita em embalagem dupla. Mas ninguém parece ter gostado dessa sugestão. Pode me dar sua opinião com o chapéu amarelo?"

"Não quero uma opinião equilibrada nem um ponto de vista objetivo. Definitivamente, o que desejo é uma visão com o chapéu amarelo."

"Meu pensamento de chapéu preto me diz que esse novo isqueiro barato pode prejudicar nossas vendas. Mas meu pensamento de chapéu amarelo me diz que esse isqueiro pode acabar com as vendas de produtos intermediários e forçar alguns consumidores a migrar para o mercado mais caro, o que nos beneficiaria."

"É difícil usar o chapéu amarelo neste momento. Mas a greve nos jornais pode fazer com que as pessoas percebam quanto elas sentem falta de seus jornais diários e como eles são muito melhores do que os noticiários da televisão em determinados casos."

Embora o pensamento de chapéu amarelo seja positivo, ele requer a mesma disciplina necessária ao uso do chapéu branco ou do chapéu preto. Não se trata somente de fazer uma avaliação favorável de qualquer coisa que apareça. É uma procura deliberada pelo positivo. E existem casos em que essa busca é em vão.

> *"Embora eu esteja usando o chapéu de pensamento amarelo, não consigo encontrar nada de positivo para dizer."*

> *"Vou colocar o chapéu amarelo, mas, sinceramente, não tenho expectativa de descobrir nada de bom nesse negócio."*

Talvez digam que, a não ser que um aspecto positivo seja óbvio, ele não tem realmente muito valor. Ou que não há razão para ninguém quebrar a cabeça até encontrar pontos favoráveis remotos que terão pouca utilidade. Essa é uma interpretação errônea da percepção. Pode haver extraordinários aspectos positivos que não sejam evidentes à primeira vista. É assim que os empresários trabalham. Eles identificam o valor que aqueles a seu redor ainda não conseguiram perceber. Valores e benefícios nem sempre são aparentes.

CAPÍTULO

22

O pensamento de chapéu amarelo

O espectro positivo

Quando o otimismo se transforma em tolice?
Da esperança à lógica.
O que é realismo?

EXISTEM PESSOAS QUE conservam uma boa opinião de um vigarista mesmo depois de saberem que ele as enganou. Acreditam que esse indivíduo era sincero na ocasião e que foi prejudicado por acontecimentos ou por colegas. Elas se lembram da sua capacidade de convencimento e de como gostaram de se sentir persuadidas.

Algumas pessoas são tão otimistas que chegam a ser tolas. Existem aquelas que *esperam* realmente ganhar uma fortuna na loteria e parecem basear sua vida nessa esperança. Há industriais que olham para o imenso mercado de aspirina e acreditam que, se ao menos conseguissem ingressar nele e conquistar uma parte minúscula de tudo aquilo, isso já valeria a pena.

Em que ponto o otimismo se transforma em tolice ou em esperança inútil? O pensamento de chapéu amarelo não deve ter nenhuma restrição? Não precisa levar em consideração as probabilidades? Isso tem que ser deixado inteiramente para o pensamento de chapéu preto?

O espectro positivo abrange desde o excessivamente otimista em um extremo até o lógico-prático no outro. Temos que administrar esse espectro com cuidado. A história está cheia de visões e sonhos nada práticos que inspiraram um esforço que, por fim, transformou essas fantasias em realidade. Se restringirmos o pensamento de chapéu amarelo àquilo que parece sólido e é bem conhecido, haverá muito pouco progresso.

O ponto-chave é considerar as ações que seguem o otimismo. Se algo não passar claramente de uma expectativa (como ganhar um prêmio na loteria ou esperar que um milagre salve a empresa da falência), o otimismo está mal dimensionado. Mas se ele conduzir a uma ação que nos posicione na direção que escolhemos, a questão se torna um pouco mais complexa. O excesso de otimismo em geral leva ao fracasso, porém nem sempre. São aqueles que esperam ser bem-sucedidos que acabam alcançando o sucesso.

> *"Existe uma chance remota de que alguém tenha sobrevivido à queda do avião na geleira. Temos que ir até lá e verificar."*

> *"É possível que esse novo partido acabe dividindo o voto da oposição."*

> *"Se fizermos um investimento substancial na promoção desse filme, teremos um grande sucesso nas mãos."*

> *"Há uma chance de que esse automóvel seja escolhido o carro do ano. Devemos estar preparados para agregar esse feito à nossa campanha publicitária. Pode ser que não aconteça, mesmo assim precisamos estar prontos."*

O chapéu amarelo, assim como os demais chapéus, tem o propósito de colorir o mapa do pensamento com aspectos teóricos ou especulativos. Por essa razão, as sugestões otimistas devem ser anotadas e registradas no mapa. Não há necessidade de avaliá-las detalhadamente antes de inseri-las. Porém, vale a pena identificá-las seguindo uma estimativa aproximada da sua probabilidade.

Uma classificação simples das probabilidades seria:

comprovada;
muito provável, com base na experiência e em dados conhecidos;
boa chance se houver uma combinação de diversos fatores;
chance razoável;
não mais do que possível;
remota ou quase impossível.

Essa lista é parecida com aquela que apresentei para classificar o pensamento de chapéu branco.

Podemos decidir nunca apoiar uma probabilidade remota, mas ela deve ser colocada no mapa. Se estiver ali, poderemos optar por rejeitá-la completamente ou tentar melhorar sua chance. Caso ela não seja inserida no mapa, não teremos escolha.

"Sei que esse consultor é extremamente ocupado e cobra muito caro. Mesmo assim, convide-o para abrir a conferência. Talvez ele aceite. O pior que poderá acontecer é ele responder 'não'."

"Toda garota quer ser atriz e só algumas conseguem; assim, as chances de sucesso não são grandes. Mas algumas delas chegam lá. Portanto, se é isso o que você deseja, tente."

"Não é provável que você encontre um tesouro artístico escondido em uma lojinha de antigüidades de um vilarejo. No entanto, a maioria dos tesouros artísticos estava oculta em lugares onde ninguém esperava achar nada."

CAPÍTULO

23

O pensamento de chapéu amarelo

As razões e seu apoio lógico

Em que se baseia o ponto de vista positivo?
Por que você pensa que vai acontecer dessa maneira?
As razões ocultas do otimismo.

UMA AVALIAÇÃO POSITIVA pode estar baseada na experiência, em informações disponíveis, deduções lógicas, sugestões, tendências, palpites e expectativas. Quando está com o chapéu amarelo, a pessoa precisa listar as razões do seu otimismo?

Se nenhum motivo for apresentado, "uma sensação positiva" pode ser igualmente classificada com o chapéu vermelho e considerada apenas um sentimento, palpite ou intuição. O pensamento de chapéu amarelo deve ir além disso.

Esse pensamento inclui um julgamento positivo. A pessoa precisa fazer o que estiver a seu alcance, a fim de encontrar toda a base possível para o otimismo que está demonstrando. Esse esforço tem que ser consciente e total. *Mas o pensamento de chapéu amarelo não deve ficar restrito aos pontos que podem ser inteiramente justificados.* Em outras palavras, é necessário que haja um profundo empenho em justificar o otimismo. No entanto, se essa iniciativa não for bem-sucedida, o tópico pode ser apresentado como uma especulação.

No caso do chapéu amarelo, a ênfase é dada à exploração e à especulação positiva. Nós partimos em busca de possíveis benefícios. Por isso nos esforçamos para fundamentá-los. Essa justificação é uma tentativa de reforçar a idéia inicial. Se esse apoio lógico não for encontrado durante o emprego do chapéu amarelo, não será identificado em nenhuma outra situação.

"Meu pensamento de chapéu amarelo sugere que a omelete seria um bom prato para ser vendido em lanchonetes. Se eu procurar por razões que apóiem esse ponto de vista, posso citar o interesse atual por dietas e a preferência por alimentos mais leves. Também posso dizer que o ovo foi retirado da lista dos vilões que contribuem para o aumento do colesterol."

"E que tal seria lançarmos uma linha de luvas para 'ação'? Não simplesmente luvas para conservar as mãos quentes, mas uma série de modelos que pudessem ser usados em atividades como comer, consertar o carro, preparar refeições, executar diversos tipos de tarefas domésticas, etc. Hoje em dia, as pessoas têm que fazer mais coisas por si mesmas. Além disso, estão adquirindo mais consciência sobre os cuidados que devem ter com a pele."

CAPÍTULO

24

O pensamento de chapéu amarelo

O pensamento construtivo

Como fazer as coisas acontecerem.
Propostas e sugestões.

IMAGINE OITO MENTES CRÍTICAS brilhantes reunidas em torno de uma mesa, a fim de considerar os meios necessários para melhorar o abastecimento de água de uma cidade. Nenhuma delas pode entrar em ação sem que alguém exponha uma proposta inicial. Agora o brilho completo do treinamento crítico pode ser liberado. Mas de onde vai sair a proposta? Quem foi preparado para apresentá-la?

O pensamento crítico é uma parte muito importante do pensamento, porém não é suficiente. A crença de que basta treinar mentes críticas é justamente aquela à qual eu faço as mais fortes objeções. Essa sempre foi a tradição do pensamento ocidental e revelou-se inadequada.

Quando apresentei o pensamento de chapéu preto, que abrange o aspecto da crítica, deixei claro que, ao usá-lo, a pessoa deve desempenhar seu papel de forma plena, expressando a crítica tão ferozmente quanto possível. Essa é uma parte importante do pensamento e deve ser realizada muito bem.

O aspecto construtivo e criador é deixado para o pensamento de chapéu amarelo. É a partir dele que surgem as idéias, sugestões e propostas. Vamos ver mais adiante que o pensamento de chapéu verde (criatividade) também possui uma função importante na formulação de novas idéias.

O pensamento construtivo se encaixa no chapéu amarelo porque todo pensamento desse tipo é uma atitude positiva. As propostas são apresentadas para que algo se torne *melhor*. Pode se tratar da solução de um problema, de aperfeiçoar algo que já existe ou de aproveitar uma oportunidade. Em todos os casos, a sugestão é formulada com o propósito de realizar uma modificação de caráter positivo.

Um dos aspectos do pensamento de chapéu amarelo diz respeito ao pensamento reativo. Trata-se da avaliação positiva, que é a contraparte da avaliação negativa do pensamento de chapéu preto. Usando o chapéu amarelo, a pessoa escolhe os pontos favoráveis da idéia que lhe foi exposta, do mesmo modo que quem está com o chapéu preto aponta somente o que encontra de desfavorável em uma sugestão. Nesta seção estou lidando com um aspecto diferente do pensamento de chapéu amarelo – sua característica construtiva.

> *– Para melhorar o suprimento de água, podemos construir uma barragem no rio Tamoio e assim faremos um reservatório.*
>
> *– Existe água em abundância nos morros, a uns 80km daqui. Seria possível criar uma canalização?*
>
> *– Os vasos sanitários comuns usam em torno de 30 litros de água cada vez que as descargas são acionadas. Existem modelos mais modernos que gastam somente cerca de 4 litros. Eles poderiam proporcionar uma economia de até 110 litros diários por pessoa, ou 34 milhões de litros por dia.*

– E se reciclássemos a água? Ouvi dizer que há novos métodos que utilizam membranas especiais que tornam esse processo econômico. Isso também diminuiria o problema da eliminação de detritos. Querem que eu pesquise esse assunto um pouco mais?

Todas essas são sugestões concretas. Uma vez que uma idéia é posta sobre a mesa, ela pode ser progressivamente desenvolvida e, por fim, submetida a uma avaliação com o chapéu preto e depois com o chapéu amarelo.

"Usem o chapéu amarelo e me apresentem mais sugestões concretas. Quanto mais, melhor. João, qual é a sua idéia? Como poderemos enfrentar esse problema? Responda com o chapéu amarelo."

A essa altura, alguém poderia observar que as propostas deveriam partir de "especialistas em suprimento de água" e que amadores não estão em condições de apresentar tais idéias. O papel dos amadores seria utilizar seu pensamento crítico, a fim de avaliar as sugestões expostas pelos especialistas. Essa é uma linguagem que está mais para a política. Os técnicos fornecem as idéias e o político as analisa. Pode até existir lugar para esse tipo de pensamento na política, mas isso deixa aqueles que devem tomar as decisões na dependência total dos especialistas. Em outras áreas, como nos negócios e na vida pessoal, o indivíduo que está pensando sobre a questão é o próprio especialista e é ele mesmo que deve produzir idéias.

De onde partem as sugestões e as propostas? De que maneira a pessoa com o chapéu amarelo produz uma solução?

Não há espaço neste livro para descrever os vários métodos de criação de projetos e de resolução de problemas. Abordo esses temas em outros títulos de minha autoria. As propostas do pensamento de chapéu amarelo não precisam ser muito especiais nem particularmente brilhantes. Elas podem incluir meios que são rotineiramente usados para tratar determinados assuntos, métodos que já estejam sendo empregados em outros lugares e até o conjunto de alguns efeitos conhecidos, a fim de criar uma solução em particular.

Uma vez que o pensamento de chapéu amarelo tenha dirigido a mente da pessoa para a elaboração de uma proposta, pode não ser difícil formulá-la.

> *– Tire o chapéu preto. Em vez de analisar as idéias que recebemos até agora, coloque o chapéu amarelo e nos apresente mais algumas propostas.*
>
> *– Enquanto estou com o chapéu amarelo, sugiro que deixemos que a iniciativa privada venda água a preços competitivos.*
>
> *– Muito bem. Ainda não estamos prontos para passar para o pensamento de chapéu preto. Acredito que ainda não esgotamos todas as sugestões possíveis. Sim, pretendemos contar com especialistas e consultores, mas em primeiro lugar vamos estabelecer algumas direções possíveis. No momento desejo um pouco mais de pensamento construtivo de chapéu amarelo.*

Desse modo, o pensamento de chapéu amarelo refere-se à criação de propostas e também à avaliação positiva daquelas que são expostas. Entre esses dois aspectos, encontramos um terceiro, que é o desenvolvimento, ou a "formação", de uma sugestão. Isso representa muito mais do que uma análise reativa de uma idéia. É uma *construção* adicional. A proposta vai sendo modificada, melhorada e fortalecida.

Nesse aspecto de aprimoramento característico do chapéu amarelo inclui-se a correção das falhas que foram detectadas pelo pensamento de chapéu preto. Como eu disse, o pensamento de chapéu preto pode identificar todos os pontos fracos, mas não tem a responsabilidade de corrigi-los.

– Se entregarmos o serviço de abastecimento de água para a iniciativa privada, a cidade correrá o risco de se tornar refém de um fornecedor monopolista que poderá cobrar o preço que quiser para isso.

– Poderíamos nos prevenir contra esse problema, estabelecendo um teto para o preço desde o início. Ele estaria relacionado com o que é cobrado hoje mais o cálculo da inflação.

Ressalto que o aspecto construtivo do pensamento de chapéu amarelo não requer sagacidade especial. Basta o desejo de apresentar sugestões concretas, ainda que elas sejam bastante comuns.

CAPÍTULO

25

O pensamento de chapéu amarelo

A especulação

Um olhar para o futuro.
O valor de "se".
O melhor cenário possível.

A ESPECULAÇÃO TEM A VER com conjectura e esperança. Os investidores são, por natureza, especuladores, ainda que essa palavra costume ser reservada para construtores imobiliários e operadores do mercado financeiro. Um construtor especulativo ergue um prédio antes de ter um único comprador para os apartamentos. Somente depois é que ele vai em busca de clientes.

Todo especulador deve possuir uma forte sensibilidade em relação a benefícios potenciais. Também é necessário que tenha esperança.

O pensamento de chapéu amarelo é mais do que simplesmente julgamento e propostas: é uma atitude que se move à frente de uma situação com expectativa positiva. Ele se adianta com o objetivo de avistar possíveis benefícios e valores. Assim que identifica um sinal deles ao longe, a exploração é estabelecida em sua direção.

Na prática, há uma grande diferença entre o julgamento objetivo e a intenção de identificar valores positivos. É esse movimento de se lançar para os lados e para a frente, característico do pensamento de chapéu amarelo, que denomino *especulação.*

"Há um novo tipo de refeição rápida que está ficando popular. É uma espécie de frango prensado e cozido no estilo mexicano, que é apresentado como pollo. Coloque o chapéu amarelo e me diga o que você identifica nisso."

"Há tantos tipos diferentes de seguros que as pessoas ficam confusas. Poderíamos criar uma espécie de seguro 'geral' que levasse tudo em conta? Pegue essa idéia e dê a ela um pouco de atenção empregando o pensamento de chapéu amarelo. Depois volte e me diga o que descobriu."

Esse aspecto especulativo do pensamento de chapéu amarelo é puro pensamento voltado para a *oportunidade.* Ele está além da superação de obstáculos e do aperfeiçoamento. As pessoas são forçadas a resolver problemas, mas ninguém jamais é obrigado a sair em busca de oportunidades. No entanto, todos *têm liberdade* de procurar por elas – caso tenham vontade.

O pensamento especulativo deve sempre partir do melhor cenário possível. Essa é a maneira como se consegue avaliar o máximo de benefícios que uma sugestão pode proporcionar. Se esses pontos favoráveis forem insignificantes no melhor dos cenários, nem vale a pena levar a idéia adiante.

"No melhor cenário possível, a outra loja será obrigada a fechar e nós assumiremos todos os negócios dessa área. Mas não acredito que isso venha a ser especialmente lucrativo. Do jeito que as coisas estão, a outra loja está se esforçando para sobreviver."

"No melhor dos cenários, a taxa de juros subirá rapidamente, e o valor da nossa hipoteca, que tem uma taxa fixa e é transferível, fará com que seja muito fácil vender a casa."

Se os benefícios parecerem atraentes o bastante no melhor cenário possível, a questão passa a ser avaliar a probabilidade que esse cenário tem de surgir e a chance de que os benefícios despontem da maneira prevista.

Em seus aspectos especulativos, o pensamento de chapéu amarelo visualiza o melhor dos cenários e o máximo de benefícios. Assim, ele pode posicioná-los numa escala de acordo com seu nível de "probabilidade".

Por fim, o pensamento de chapéu preto é aplicado para indicar as áreas de incerteza.

As oportunidades se originam da extrapolação da cena presente para o futuro. Elas também podem surgir "se" algum evento em particular ocorrer ou "se" alguma das condições do momento sofrer uma alteração.

"Os preços das ações irão subir 'se' as taxas de juros caírem."

"'Se' o preço dos combustíveis cair, será mais fácil vender carros grandes."

Faz parte da função especulativa do pensamento de chapéu amarelo explorar as possíveis mudanças ocasionadas por um "se".

Ações e decisões nunca devem se basear numa especulação do tipo "se" – embora possa ser necessário iniciar ações defensivas, como desvencilhar-se de fundos de investimentos perigosos ou contratar seguro contra incêndio. Isso também está incluído na exploração do pensamento de chapéu amarelo.

Uma das funções do pensamento de chapéu preto é investigar "se", mas no sentido de riscos e perigos. A parte correspondente da função do pensamento de chapéu amarelo é explorar o equivalente positivo do risco, aquilo que chamamos de oportunidade.

"Em que condições essa cadeia de hotéis se tornaria lucrativa?"

"Se a transmissão via satélite for estabelecida, que novas oportunidades ela vai oferecer para as empresas de publicidade e os anunciantes?"

O aspecto especulativo do pensamento de chapéu amarelo também se interessa pela *visão.*

Já mencionei o papel da visão e dos sonhos na esfera do pensamento de chapéu amarelo. Em certo sentido, a visão vai além da especulação, pois é capaz de estabelecer uma meta que se tem pouca esperança de alcançar.

No caso de qualquer projeto, há uma espécie de visão que surge primeiro. Do mesmo modo que um bom vendedor fecha uma operação apresentando um panorama maravilhoso que o cliente é convidado a compartilhar, o criador do projeto vende a si mesmo uma imagem positiva daquilo que ele está tentando realizar. A visão vem antes de tudo e é seguida pela forma e pelos detalhes. Ela inclui tanto os benefícios quanto a viabilidade do projeto: ele pode ser concretizado e vale a pena ser executado.

É muito difícil fazer qualquer coisa se não possuímos um sentido de realização e valor.

"Tenho a visão da construção de casas confortáveis e de baixo custo e acredito que também consigo imaginar como realizar isso."

"Tenho a visão de um tipo diferente de economia que irá administrar a riqueza e a produtividade de uma nova maneira."

"Tenho a visão de que o pensamento será ensinado como disciplina fundamental em todas as escolas. Esse processo já foi iniciado em alguns países."

O entusiasmo e o estímulo de uma visão ultrapassam o julgamento objetivo. Uma visão determina direções para o pensamento e para a ação. Esse é um aspecto adicional do pensamento de chapéu amarelo.

CAPÍTULO

26

O pensamento de chapéu amarelo

A relação com a criatividade

A diferença entre o construtivo e o criativo.
Eficiência e transformação.
Novas idéias e idéias antigas.

O PENSAMENTO DE CHAPÉU AMARELO não está diretamente associado à criatividade. O aspecto criativo do pensamento é tratado especificamente pelo pensamento de chapéu verde, o próximo a ser abordado.

É verdade que a característica positiva do pensamento de chapéu amarelo é necessária para alcançar a criatividade. E também é certo dizer que a avaliação positiva e construtiva pertinente a esse pensamento é vital para a criatividade. Ainda assim, os pensamentos de chapéu amarelo e de chapéu verde são totalmente distintos.

Uma pessoa pode ter um desempenho excelente com o pensamento de chapéu amarelo e, mesmo assim, não possuir um pingo de criatividade. Considero um grande problema confundir os dois chapéus, porque, nesse caso, um indivíduo que não é criativo sentiria que o pensamento de chapéu amarelo não lhe serve.

A criatividade refere-se a elementos como mudança, inovação, invenção, idéias e alternativas novas. Uma pessoa pode se sair muito bem com o pensamento de chapéu amarelo e nunca ter uma idéia original. Mas a aplicação efetiva de idéias antigas é um exercício legítimo do pensamento de chapéu amarelo. As sugestões não precisam ser novas, tampouco é necessário haver a intenção de buscar propostas inéditas. O pensamento de chapéu amarelo está associado à atitude positiva de concluir a tarefa. Ele tem a ver com eficiência, e não com novidade.

O significado extremamente amplo que vem sendo dado à palavra *criativo* pode facilitar a ocorrência de mal-entendidos. Há dois aspectos distintos nesse termo. O primeiro deles corresponde a "realizar alguma coisa". Nesse sentido, alguém pode criar uma confusão... Um carpinteiro cria uma cadeira. Um empresário cria um negócio. O segundo aspecto é a "novidade". E esse é outro conceito que pode gerar interpretações equivocadas, pois há dois tipos de novidade. Um deles refere-se a algo que é novo por ser diferente do que havia antes – por exemplo, um sistema de telefonia pode ser "novo" em uma empresa, mesmo que já venha sendo usado em milhares de outras organizações. O outro tipo de "novo" é a novidade absoluta, como uma invenção ou um conceito inédito.

No que diz respeito aos artistas, isso se torna uma espécie de dilema. Por exemplo, um pintor traz claramente à realidade algo que não havia antes. Uma vez que é improvável que uma pintura seja exatamente igual a outra que já exista, ela é algo "novo". No entanto, talvez não haja nenhum conceito ou nenhuma percepção original nesse quadro. O pintor pode ter um estilo muito marcante e aplicá-lo a uma paisagem após a outra. Nesse sentido, há uma linha de montagem em um estilo particular.

O pensamento de chapéu amarelo destina-se sobretudo a fazer com que as coisas aconteçam. Ele pode pegar uma idéia que é usada em outro lugar e colocá-la em funcionamento. Ou se dedicar à criação de abordagens alternativas para um problema. E pode ainda definir oportunidades. Mas seu propósito realmente não é modificar conceitos nem percepções. Essa função pertence ao pensamento de chapéu verde.

No entanto, a observação positiva de algo tem a capacidade de criar por si mesma uma nova percepção, e isso pode ocorrer com o pensamento de chapéu amarelo.

"Aquele copo não está meio vazio – ao contrário, está meio cheio de uísque."

Do mesmo modo que o pensamento de chapéu preto pode apontar uma falha e deixar que o pensamento de chapéu verde a corrija, o pensamento de chapéu amarelo pode definir uma oportunidade e deixar que o pensamento de chapéu verde crie uma nova maneira de explorá-la.

"É cada vez maior o número de pessoas que precisam estacionar nas cidades. Como poderemos obter algum valor com base nessa informação?"

"Se conseguíssemos atrair para este hotel mais hóspedes que viajam a negócios, poderíamos aumentar o preço dos quartos. De que modo faríamos isso? Vamos reunir as sugestões habituais e depois colocar o chapéu de pensamento verde, a fim de termos novas idéias."

CAPÍTULO

27

Sumário do pensamento de chapéu amarelo

O PENSAMENTO DE CHAPÉU AMARELO é positivo e construtivo. A cor amarela simboliza a luz do sol, o brilho e o otimismo.

Esse pensamento está relacionado à avaliação positiva, do mesmo modo que o pensamento de chapéu preto está vinculado à avaliação negativa.

Ele inclui um espectro positivo que abrange desde o que é lógico e prático, em um extremo, até sonhos, visões e esperanças no extremo oposto.

O pensamento de chapéu amarelo investiga e explora em busca de valores e benefícios. Depois, empenha-se em encontrar um apoio lógico para esses elementos. Ele procura apresentar um otimismo de bases sólidas, mas não se restringe a isso – pode expor outros tipos de otimismo, desde que apropriadamente classificados.

Construtivo e criador, o pensamento de chapéu amarelo dá origem a propostas e sugestões concretas. Está associado à operacionalidade e à iniciativa de fazer com que as coisas aconteçam. A eficiência é a meta do pensamento construtivo de chapéu amarelo.

O pensamento de chapéu amarelo pode ser especulativo e estar sempre em busca de oportunidades. Ele também admite visões e sonhos.

Esse pensamento não está associado a uma mera euforia positiva (domínio do chapéu vermelho) nem diretamente à criação de novas idéias (domínio do chapéu verde).

O CHAPÉU VERDE

O CHAPÉU VERDE é o chapéu da energia. Pense em vegetação. Pense em crescimento. Pense em folhas novas e em brotos. O chapéu verde é o chapéu criativo.

É com o pensamento de chapéu verde que apresentamos novas idéias. Com ele, expomos opções e alternativas, entre as quais se incluem tanto as óbvias quanto as inéditas. Usando o chapéu verde, também procuramos modificar e melhorar propostas já sugeridas.

O valor do chapéu verde está em proporcionar um tempo específico para que todos os participantes da reunião façam um esforço criativo. A criatividade não é mais função de uma pessoa "cheia de idéias", enquanto as outras ficam sentadas em volta, esperando para agarrar uma sugestão que lhes agrade. Quando o pensamento de chapéu verde está sendo utilizado, espera-se que todos se empenhem em ser criativos – ou então fiquem de boca fechada. Como ninguém gosta de ficar calado, eles realizam um esforço criativo.

Reservar intencionalmente um tempo para essa atividade é muito importante, pois assim se reconhece que a criatividade é um elemento-chave do pensamento.

A questão da "expectativa" também é fundamental. As pessoas tendem a agir justamente como se espera que ajam. Elas são muito boas em seguir "as regras do jogo" que está em curso. Graças a isso, indivíduos que nunca se consideraram providos de criatividade começam a se esforçar para serem criativos. Sua confiança vai aumentando e, em pouco tempo, eles apresentam um desempenho tão bom nessa área quanto os demais.

Com o pensamento de chapéu verde, as pessoas têm permissão para sugerir "possibilidades", que possuem um papel bem mais importante no pensamento do que muita gente imagina. Sem possibilidades, não conseguimos progredir. Dois mil anos atrás, a tecnologia chinesa estava consideravelmente à frente da tecnologia ocidental. Depois, sua evolução pareceu chegar ao fim. A explicação que se costuma dar para esse fato é que os chineses nunca desenvolveram o conceito da "hipótese". Sem esse "software mental" imprescindível, progredir seria inviável.

Aqueles que acreditam que o progresso surge da análise de informações e de etapas de dedução lógica estão errados. Sem a estrutura fornecida pelas possibilidades, nem sequer conseguimos interpretar as informações de maneiras diferentes.

É durante o uso do chapéu verde que são cogitados e sugeridos novos cursos de ação: "Podemos fazer isso, isso ou aquilo." O pensamento de chapéu verde também é empregado para superar algumas das dificuldades detectadas no período de utilização do pensamento de chapéu preto. Ele pode propor modificações em uma idéia, com o objetivo de evitar os entraves apontados. Além disso, pode indicar que há necessidade de uma sugestão adicional.

O pensamento de chapéu verde inclui tanto a criatividade "espontânea" quanto a criatividade "deliberada".

Quando esse pensamento dá origem a muitas idéias e possibilidades, é possível que não haja tempo suficiente em uma única sessão para considerar todas elas com a devida atenção. O pensamento de chapéu vermelho pode ser então usado para escolher as idéias que parecerem se adaptar melhor a uma estrutura em particular. Por exemplo, o modelo selecionado pode ser "soluções de baixo custo" ou "sugestões fáceis de testar." A análise das demais propostas será deixada para mais tarde. Desse modo, a energia do pensamento de chapéu verde continua a ser aplicada de maneira prática.

CAPÍTULO

28

O chapéu verde

O pensamento criativo

Novas idéias, novos conceitos e novas percepções.
A criação deliberada de novas idéias.
Alternativas e mais alternativas.
As mudanças.
Novas abordagens para problemas antigos.

O PENSAMENTO DE CHAPÉU VERDE está associado a novas idéias e a formas diferentes de entender as coisas. Uma de suas funções é escapar de sugestões antigas, com o objetivo de encontrar propostas melhores. Ele está vinculado a mudanças – e representa um esforço intencional focalizado nessa direção.

"Temos que buscar novas idéias para esse projeto. Coloquem o chapéu de pensamento verde."

"Estamos num atoleiro. Tudo o que fazemos é repetir velhas idéias. Precisamos desesperadamente de uma nova abordagem. Chegou a hora de aplicar o pensamento de chapéu verde de forma deliberada. Vamos lá!"

"Vocês já apresentaram as abordagens tradicionais para esse problema. Estudaremos todas elas mais tarde.

Primeiro, vamos dedicar 10 minutos ao pensamento de chapéu verde para ver se conseguimos imaginar uma proposta nova."

"Isso exige uma solução de chapéu verde."

Precisamos da criatividade porque nada mais deu certo.

Ou necessitamos dela porque sentimos que as coisas podem ser feitas de um modo melhor ou, pelo menos, mais simples.

O anseio de executar as coisas de uma forma melhor deve estar por trás de todo o nosso pensamento. Há ocasiões, no entanto, em que temos que usar a criatividade de maneira intencional e focalizada. O recurso do chapéu verde nos permite passar para a função criativa assim como o chapéu vermelho nos faz experimentar "sentimentos" de modo deliberado e o chapéu preto nos põe no estado de cautela.

De fato, talvez haja mais necessidade do chapéu verde do que de qualquer outro chapéu do pensamento. No exercício da criatividade, pode ser preciso apresentar como provocação idéias intencionalmente ilógicas. Desse modo, devemos deixar claro para os presentes que estamos assumindo de propósito o papel do bufão ou do palhaço enquanto procuramos estimular o surgimento de conceitos originais. Mesmo quando não são provocações, novas idéias correspondem a mudinhas delicadas, que precisam da proteção do pensamento de chapéu verde contra o mau tempo – o hábito do pensamento de chapéu preto.

Como mencionei em seções anteriores, a qualidade *demonstrativa* dos seis chapéus do pensamento apresenta vários aspectos. Podemos *solicitar* a alguém que coloque um dos chapéus e procure pensar da maneira correspondente. Ou *indicar* que determinado tipo de pensamento é desejável. E ainda *demonstrar* aos outros que estamos tentando pensar de uma forma específica – e que, portanto, eles devem tratar nossa contribuição do modo apropriado. No entanto, um dos principais aspectos é podermos *fazer essa indicação também para nós mesmos.* Isso tem importância especial no caso do chapéu verde. Colocamos deliberadamente esse chapéu, o que significa que estamos dedicando alguns minutos do nosso tempo de modo intencional ao pensamento criativo. Esse gesto é bem diferente de ficarmos apenas esperando que as idéias surjam. Talvez nenhuma idéia nova nos ocorra nesse período, mas teremos nos esforçado nesse sentido. À medida que melhoramos as táticas do pensamento criativo deliberado, descobrimos que a produção de idéias aumenta. Assim, o chapéu verde torna o pensamento criativo uma parte formal do próprio processo de pensamento, e não apenas um luxo.

Para a maioria das pessoas, a linguagem do pensamento criativo é difícil porque contraria os hábitos naturais de reconhecimento, julgamento e crítica. O cérebro foi projetado como uma "máquina de reconhecimento". Está programado para estabelecer padrões, utilizá-los e condenar qualquer coisa que não se "encaixe" nesses modelos preestabelecidos. Quase todos nós gostamos de nos sentir seguros. Apreciamos acreditar que estamos certos. A criatividade envolve provocação, exploração e exposição a riscos. Ela usa o "pensamento experimental". Não sabemos dizer de antemão qual será o resultado do experimento. Mas queremos ser capazes de levá-lo até o fim.

> *"Lembrem-se de que estou usando o chapéu verde e que, portanto, tenho todo o direito de dizer coisas desse tipo. Aliás, é para isso que serve o pensamento de chapéu verde."*

> *"Pensei que todos nós estaríamos usando o chapéu verde agora. Acontece que estamos sendo negativos demais. Será que não voltamos ao pensamento de chapéu preto?"*

"Minha contribuição com o chapéu verde é sugerir que paguemos aos presos que cumpriram longas penas uma pensão decente a partir da data da sua libertação. Isso os ajudará a se reintegrar à sociedade, fará com que tenham alguma coisa a perder e evitará que precisem retornar ao crime. Se preferirem, tratem essa sugestão como uma provocação."

"Sob a proteção do pensamento de chapéu verde, proponho que todos os nossos vendedores sejam despedidos."

Embora por si só o pensamento de chapéu verde não seja capaz de tornar as pessoas mais criativas, ele pode dar a elas tempo e foco para que apresentem um desempenho melhor nesse sentido. Se passarmos mais tempo em busca de alternativas, é provável que encontremos um número maior delas. Em geral, as pessoas criativas são somente indivíduos que despendem mais tempo *tentando* ser criativos porque são mais motivados pela criatividade. O mecanismo do chapéu verde proporciona uma espécie de estímulo artificial. É difícil estimular alguém a ser criativo, mas é muito fácil solicitar a alguém que coloque o chapéu verde e dê uma contribuição nesse estilo para a discussão.

Ter criatividade significa muito mais do que ser otimista e positivo. Os sentimentos positivos e otimistas encaixam-se no pensamento de chapéu vermelho. As avaliações favoráveis ajustam-se ao pensamento de chapéu amarelo. O pensamento de chapéu verde exige idéias realmente novas, abordagens inéditas e alternativas extras.

Com o pensamento de chapéu branco, esperamos a apresentação de informações neutras e objetivas. No caso do pensamento de chapéu preto, aguardamos a apresentação de críticas específicas. Quando se trata do pensamento de chapéu amarelo, nos preparamos para ver a apresentação de comentários positivos, mas nem sempre isso é possível. Em relação ao pensamento de chapéu vermelho, nossa expectativa é obter uma apresentação dos sentimentos envolvidos na questão, ainda que estes sejam neutros. Com o pensamento de chapéu verde, porém, não podemos solicitar apresentação nenhuma. O que exigimos é *um esforço.* Podemos determinar que seja reservado um momento para a geração de idéias. Mesmo assim, talvez as pessoas não consigam produzir nada de novo. O que importa é que um tempo terá sido despendido nesse esforço.

Não podemos exigir de nós mesmos (nem dos outros) a apresentação de uma idéia, mas podemos determinar a nós mesmos (ou aos outros) que passemos certo tempo tentando formular uma idéia. O pensamento de chapéu verde nos proporciona um meio formal de realizar isso.

CAPÍTULO

29

O pensamento de chapéu verde

O pensamento lateral

O pensamento lateral e seu relacionamento com a criatividade.
O humor e o pensamento lateral.
A modificação de padrão em um sistema de informação que se auto-organiza.

AO ESCREVER SOBRE o pensamento de chapéu verde, usei a palavra *criatividade* porque esse é um termo de uso geral. Muitos leitores deste livro talvez nunca tivessem ouvido falar de mim nem do conceito de *pensamento lateral*. Também quero enfatizar que o pensamento de chapéu verde abrange toda a gama de empreendimentos criativos e não se limita ao pensamento lateral.

Criei a expressão *pensamento lateral** em 1967 e hoje ela faz parte oficialmente da língua inglesa. O *Oxford English Dictionary* registra minha autoria.

Tive que inventar essa expressão por dois motivos. Em primeiro lugar, porque a palavra *criatividade* tem um significado muito amplo e um tanto vago, como ressaltei na parte sobre o

* *Lateral thinking.* (N. do T.)

pensamento de chapéu amarelo. Ela parece abranger tudo, desde a criação de uma confusão à criação de uma sinfonia. O *pensamento lateral* refere-se de forma precisa à modificação de conceitos e de percepções, que são organizações historicamente determinadas (padrões) da experiência.

Em segundo lugar, porque o *pensamento lateral* está diretamente baseado no comportamento das informações em sistemas de informação ativos que se auto-organizam. Ele é *uma modificação de padrão em um sistema de padronização assimétrico.* Sei que essa definição parece muito técnica, mas não há necessidade de entender os fundamentos técnicos do pensamento lateral para utilizar seus recursos. No entanto, esses fundamentos estão disponíveis para quem quiser conhecê-los. Assim como o pensamento lógico está baseado no comportamento da linguagem simbólica (um universo particular), o pensamento lateral está baseado no comportamento dos sistemas de padronização (também um universo particular).

Existe um relacionamento íntimo entre o mecanismo do humor e os mecanismos do pensamento lateral. Ambos dependem da natureza assimétrica dos padrões da percepção. Essa é base do "estalo" repentino, ou insight, depois do qual alguma coisa se torna óbvia.

As técnicas deliberadas do pensamento lateral (várias formas de provocação e de "movimento") baseiam-se diretamente no comportamento dos sistemas de padronização. Elas foram projetadas para nos ajudar a cortar caminho *através* dos padrões em vez de simplesmente segui-los. Quando o atalho até um novo padrão mostra que faz sentido, temos o "efeito heureca".

Boa parte da nossa cultura do pensamento é direcionada para a atividade de "processamento" daquilo que pensamos. Desenvolvemos excelentes sistemas para isso, entre os quais a matemática, a estatística, o processamento de dados, a linguagem e a lógica. Mas eles só podem funcionar com palavras, relações e símbolos fornecidos pela percepção – é ela que reduz o complexo mundo ao nosso redor a essas formas. É na percepção que o pensamento lateral atua na tentativa de alterar os padrões preestabelecidos.

O pensamento lateral envolve atitudes, linguagens, etapas e técnicas. Descrevi esses elementos em *O pensamento lateral* e *O pensamento lateral na administração*. Não há espaço neste livro para abordar todos esses temas novamente.

No entanto, vou mencionar alguns dos pontos fundamentais do pensamento lateral nas próximas seções porque esses tópicos também são básicos para o exercício do pensamento de chapéu verde.

CAPÍTULO

30

O pensamento de chapéu verde

Movimento em vez de julgamento

O uso de uma idéia como ponte.
Até onde isso me leva?
O efeito propulsor de uma idéia.

NO PENSAMENTO COMUM, utilizamos o *julgamento.* Como comparamos uma idéia com aquilo que já conhecemos? Como a vemos em relação a nossos padrões de experiência? Julgamos que ela se encaixa neles ou demonstramos por que é inadequada. O pensamento crítico e o pensamento de chapéu preto estão diretamente envolvidos em estabelecer até que ponto determinada sugestão se ajusta ao que já é do nosso conhecimento.

Podemos chamar isso de *efeito retrógrado* de uma idéia. Olhamos para trás, focalizando nossas experiências passadas para avaliarmos a idéia. Assim como uma descrição tem que corresponder às características daquilo que está sendo reproduzido, esperamos que as idéias correspondam a nossos conhecimentos prévios. De que outro modo teríamos condições de dizer se elas estão corretas?

Para a maior parte dos aspectos do pensamento, o julgamento (tanto o do tipo chapéu amarelo quanto o do estilo chapéu preto) é vital. Nada poderíamos fazer sem ele. Com o pensamento de chapéu verde, porém, temos que empregar uma linguagem diferente. Substituímos o julgamento pelo *movimento.*

O movimento é uma palavra-chave do pensamento lateral. E esse foi outro termo que cunhei. Minha intenção era deixar claro que o movimento *não é* somente ausência de julgamento. Muitas abordagens anteriores ao pensamento criativo falam a respeito de acatar, suspender ou adiar o julgamento. Considero esses termos vagos demais porque não dizem concretamente à pessoa o que ela deve fazer, e sim o que não deve fazer.

Por outro lado, o movimento é um termo ativo. Usamos uma idéia por seu *valor de movimento.* E podemos obtê-lo intencionalmente por muitos meios – um deles é extrair o princípio e focalizar a diferença.

Com o movimento, usamos uma idéia por seu *efeito progressivo.* Nós a aplicamos para ver até onde e a que ela vai nos conduzir. Na realidade, empregamos as idéias para nos mover *para a frente.* Assim como nos servimos de pontes para cruzar um rio de uma margem à outra, nos valemos de uma idéia provocativa para passar de um padrão a outro.

Mais adiante, você verá que o movimento e a provocação estão sempre juntos. Sem a linguagem do movimento, não podemos utilizar a provocação. E, sendo incapazes de empregá-la, permanecemos aprisionados nos padrões do passado.

> *"Quero que vocês usem a idéia que vou dar agora por causa do seu valor de movimento, e não por seu valor de julgamento: suponham que todas as pessoas se tornem policiais."*

Foi justamente essa sugestão provocativa que levou ao conceito das "sentinelas de bairros", que descrevi na reportagem de capa da *New York Magazine* em abril de 1971. Essa idéia está sendo aplicada hoje em 20 mil comunidades dos Estados Unidos. O objetivo é fazer com que os cidadãos comuns ajam como olhos e ouvidos adicionais para a polícia, ajudando a detectar e evitar crimes em seus bairros. Registrou-se uma queda significativa na taxa de crimes cometidos nas áreas em que essa iniciativa foi posta em prática.

> *"Imaginem que estejamos fazendo hambúrgueres quadrados. Que movimento vocês poderiam obter a partir dessa idéia?"*

> *"Suponham que existam apólices de seguro transferíveis, isto é, que uma pessoa possa vendê-las diretamente a outra. Manifestem seu pensamento de chapéu verde sobre essa sugestão."*

Isso poderia conduzir à idéia de que os seguros são de fato transferíveis. Assim, as pessoas seriam classificadas de acordo com sua taxa de risco. Alguém que pertencesse ao grupo de risco AAA, por exemplo, obteria benefícios especiais das apólices universais de seguro. Um indivíduo que estivesse no grupo AA receberia menos benefícios.

Algumas vezes, nós adotamos uma idéia, a utilizamos como ponte e por fim aplicamos outra que é completamente diferente. Nós apenas extraímos um princípio qualquer da ponte e depois o aplicamos. Em outras ocasiões, conservamos uma idéia como se fosse uma "mudinha" e cuidamos dela até que cresça e se transforme em uma planta viçosa. Há casos também em que agarramos uma sugestão vaga e a moldamos até que se torne algo concreto e prático. Todos esses são aspectos do "movimento". O ponto-chave é nos lembrarmos de que nos movemos *para a frente* com as idéias ou a partir delas.

– Trabalhem com a sugestão de que todos aqueles que desejam ser promovidos devem usar uma camisa ou uma blusa amarela. Coloquem o chapéu verde e me digam até onde essa idéia pode conduzir vocês.

– Isso me leva a pensar na auto-imagem da pessoa que decidir usar uma camisa amarela. Ela vai ter que corresponder a essa imagem.

– Essa sugestão me faz imaginar um meio de reconhecer as pessoas que têm ambição mas que não seriam notadas pelo talento. Talvez até fizesse mais sentido treinar esses indivíduos mais ambiciosos e lhes ensinar as habilidades necessárias.

– Uma idéia desse tipo me remete às regras do jogo. O uso da camisa amarela seria uma regra definida no jogo das promoções, e todos estariam a par disso. Porém, quantos colaboradores saberiam o que precisam fazer para serem promovidos?

– Essa proposta dirige minha atenção para os colaboradores que não desejam ser promovidos. Eles podem demonstrar sua posição não usando a camisa amarela.

– Isso me leva a pensar em um modo de identificar os líderes. Uma pessoa precisa estar bastante segura do seu prestígio entre aquelas que a cercam antes de se arriscar a colocar a camisa amarela.

A partir dessa espécie de movimento poderia emergir um grande número de idéias úteis. Nenhuma delas teria que se referir à camisa amarela em sua forma original.

"Aqui vai a sugestão de trabalharmos aos sábados e recebermos uma folga no meio da semana – às quartas-feiras. Podem me dar seu movimento de chapéu verde a respeito?"

"Como ninguém deseja trabalhar nos turnos de fins de semana, existe a sugestão de contratarmos uma equipe permanente para os sábados e domingos que seria totalmente independente do restante dos colaboradores. Embora pareça que essa sugestão não vai funcionar, quero seu pensamento de chapéu verde sobre ela."

De fato, essa última idéia foi experimentada e funcionou perfeitamente bem. Depois de se usar um pouco o pensamento de chapéu verde, a sugestão pareceu atraente o bastante para ser testada (nesse caso em particular, o pensamento de chapéu amarelo poderia ter chegado a um resultado idêntico).

O movimento deve ir além da avaliação positiva de uma idéia. Ele é um processo dinâmico, e não um processo de julgamento.

O que há de interessante nessa idéia? O que existe de diferente nela? O que ela sugere? Até onde nos conduz? Todas essas questões fazem parte da linguagem do movimento.

O ponto-chave é lembrar que no exercício do pensamento de chapéu verde a linguagem do movimento substitui completamente a linguagem do julgamento.

CAPÍTULO

31

O pensamento de chapéu verde

A necessidade da provocação

O uso da sigla PO.
A lógica do absurdo.
Provocação aleatória.

AS DESCOBERTAS CIENTÍFICAS são sempre mencionadas como se tivessem se processado etapa por etapa de forma lógica. Isso é realmente verdadeiro para algumas delas. Em muitas situações, porém, a lógica passo a passo é apenas uma percepção posterior que reveste aquilo que de fato ocorreu. Em alguns casos, um erro ou um acidente acontece, dando origem à provocação que deflagra a nova idéia. Os antibióticos nasceram da contaminação acidental de uma bandeja de cultura com esporos do fungo Penicilium. Dizem que Colombo só chegou a navegar pelo Atlântico porque, baseando-se em dados de um antigo tratado, cometeu um erro de cálculo quanto à distância que percorreria.

A natureza fornece provocações desse tipo. Mas uma provocação jamais pode ser procurada porque ela não está presente no pensamento corrente. Sua função é arrancar o pensamento dos padrões em uso.

A lógica da provocação surge diretamente da lógica dos sistemas de padronização assimétricos (veja meu livro *PO – Além do sim e do não*).

Podemos ficar sentados esperando que as provocações surjam ou optar por criá-las deliberadamente. É isso que acontece no pensamento lateral. A habilidade de utilizar provocações é uma parte essencial desse tipo de pensamento.

No capítulo anterior, você leu sobre a linguagem do movimento. É por isso que empregamos as provocações – para utilizar seu valor de movimento. Agora podemos examinar a forma como as elaboramos.

Muitos anos atrás, inventei a sigla PO como um indicador simbólico de uma idéia que está sendo impulsionada *como uma provocação e por seu valor de movimento.* Essas letras são a sigla de *provocative operation.**

A sigla PO age como uma espécie de bandeira branca para pedirmos trégua. Caso uma pessoa se aproximasse das muralhas de um castelo balançando uma bandeira branca, quebraríamos as regras do jogo se atirássemos nela. De forma similar, se uma idéia for proposta sob a proteção de PO, derrubá-la de imediato por meio de um julgamento de chapéu preto seria o mesmo que contrariar as regras adotadas no nosso jogo, isto é, no Método dos Seis Chapéus.

De certa maneira, como já mencionei, a palavra PO age do mesmo modo que o dispositivo do chapéu verde. Uma pessoa que esteja usando esse chapéu tem permissão para sugerir idéias "malucas". No entanto, sua utilização é mais abrangente, enquanto a aplicação de PO é mais específica. Assim, o melhor é empregar os dois:

"PO, os automóveis deveriam ter rodas quadradas."
"PO, os aviões deveriam pousar de cabeça para baixo."

---

* Operação provocadora. (N. do T.)

"PO, os clientes deveriam ser pagos para comprar as coisas."
"PO, os executivos deveriam vender a si mesmos."
"PO, uma fábrica poluidora deveria se localizar na parte mais baixa do rio que ela está contaminando."

Essa última provocação conduziu à idéia de se fazer uma lei estabelecendo que qualquer fábrica construída à margem de um rio deveria ter sua canalização de entrada de água em um ponto mais baixo da correnteza do que aquele em que ela descarrega seus dejetos. Desse modo, a fábrica seria a primeira a sofrer as conseqüências da poluição que ela própria produz.

Podemos considerar que a sigla PO tenha origem também em vocábulos como hi*pó*tese, su*po*nha, *po*ssível e até mesmo *po*esia. Em todos esses casos, extrai-se uma idéia em razão do seu efeito progressivo – a fim de provocar alguma coisa.

Por definição, uma idéia absurda ou ilógica não pode estar presente na nossa experiência comum. Portanto, ela está fora de qualquer padrão existente. Desse modo, uma provocação nos força a sair dos padrões habituais de percepção. Depois disso, à medida que avançamos, três coisas podem acontecer: chegarmos a um ponto em que não sejamos mais capazes de fazer nenhum movimento, sermos carregados de volta aos padrões usuais ou mudarmos para um novo padrão.

Assim como há métodos formais para obter movimento a partir de uma idéia, também há maneiras formais de criar uma provocação. São esses recursos que dão origem às técnicas deliberadas do pensamento lateral.

Por exemplo, um meio simples de formular uma provocação usa a *reversão.* Descrevemos o modo como algo costuma acontecer e depois revertemos tudo, ou seja, viramos o processo de trás para a frente.

> *"O consumidor paga pelos bens que compra. Vamos inverter isso. PO, a loja começa a pagar os produtos para o cliente."*

As provocações não precisam ser absurdas nem ilógicas. É até possível tratar idéias inteiramente sérias como provocações. Por exemplo, se alguém lhe apresentar uma sugestão de que você não goste, em vez de afastá-la imediatamente com um comentário no estilo do chapéu preto, você pode colocar o chapéu verde e tratá-la *como se fosse uma provocação.* Sempre temos como fazer esse tipo de escolha.

Um modo muito simples de conseguir uma provocação é usar uma palavra aleatória. Por exemplo, você pode pensar em um algarismo e depois abrir um dicionário na página com esse número. Um segundo número, escolhido previamente, lhe daria a posição de um verbete nessa página. Você poderia pensar na página 92, oitava palavra de baixo para cima. Na aplicação dessa técnica, é mais fácil utilizarem-se substantivos do que verbos ou outros termos. Uma lista de substantivos comuns é, portanto, mais simples de usar do que um dicionário.

Suponhamos que você quisesse novas idéias relacionadas com cigarros e o resultado da sua escolha aleatória fosse a palavra aleatória *sapo.*

> *"Temos então 'cigarro, PO, sapo'. Um sapo sugere a idéia de deslocamento rápido com saltos curtos, assim poderíamos inventar um cigarro que se apagasse sozinho depois de um tempo. Seria algo muito útil na prevenção de incêndios. Também permitiria que o fumante desse uma tragada ou duas e depois guardasse o cigarro para usá-lo de novo mais tarde. Isso, por sua vez, daria origem a uma nova marca, que poderia ser chamada de 'Curtinhos'."*

"Quero idéias para aparelhos de televisão. A palavra aleatória é queijo, portanto temos 'televisão, PO, queijo'. O queijo tem buracos. PO, a televisão também tem buracos. O que isso poderia significar? Talvez possam ser introduzidas algumas 'janelas', que mostrem o que está sendo exibido em outros canais."

Quando usamos a lógica, há uma razão prévia para dizermos algo. No caso da provocação, pode não existir um motivo para que digamos alguma coisa até mesmo *depois* de a termos mencionado. A provocação deflagra um efeito, e é o valor desse efeito que a justifica.

Para muitas pessoas, pode ser simplesmente impensável que um termo aleatório possa ter valor para a solução de um problema. Em essência, "aleatório" significa que a palavra não apresenta relação com o assunto em pauta. No entanto, na lógica de um sistema de padronização assimétrico, é fácil entender por que a escolha casual de uma palavra funciona. É porque ela fornece um ponto de partida diferente. Uma vez que retomamos o caminho com base nesse novo ponto de partida, aumentamos as chances de seguir uma trilha que jamais teríamos escolhido enquanto estávamos pensando diretamente sobre a questão.

Assim como o movimento, a provocação faz parte da linguagem básica do pensamento de chapéu verde. Quando estamos numa aula de francês, falamos francês; quando colocamos o chapéu verde, usamos a provocação e o movimento como as regras da gramática da criatividade.

CAPÍTULO

32

O pensamento de chapéu verde

As alternativas

Satisfazer-se com muita facilidade.
Rotas, opções e escolhas.
Níveis de alternativas.

USANDO A MATEMÁTICA dos tempos da escola, fazemos uma soma e obtemos uma resposta. Depois seguimos em frente para a próxima adição. Não existe mais motivo para perdermos tempo com a primeira operação porque, se já conseguimos a resposta certa, não há como descobrirmos outra melhor.

Muitas pessoas transportam esse tipo de raciocínio para seus processos de pensamento ao longo da vida. Assim que conseguem a resposta para um problema, param de pensar sobre ele. Ficam satisfeitas com a primeira solução que aparece. A vida real, no entanto, é muito diferente das contas que fazíamos no colégio. Em geral, existe mais de uma resposta para a mesma pergunta. Algumas delas são bem melhores do que outras: custam menos, são mais confiáveis ou mais fáceis de implementar. Não existe motivo para supor que *a primeira resposta* seja a melhor. Se o tempo for curto e tivermos uma série de problemas a resolver, é aceitável nos contentarmos com ela – porém, somente nesse caso. Você gostaria que seu médico escolhesse a primeira coisa que lhe passasse pela cabeça para diagnosticar seu problema de saúde e depois parasse de pensar nele?

Desse modo, reconhecemos a primeira resposta e registramos que poderemos voltar a ela sempre que quisermos. Em seguida, partimos em busca de alternativas, ou seja, de outras soluções. Assim que dispusermos de um bom número de alternativas, teremos condições de selecionar a melhor, observando qual delas se ajusta às nossas necessidades e aos nossos recursos.

Mesmo que tenhamos à nossa disposição uma forma perfeitamente adequada de fazer alguma coisa, isso não significa que não possa haver uma opção melhor. Por isso saímos em busca de alternativas. Essa é a base de qualquer aperfeiçoamento, exceto correção de erros e resolução de problemas.

Até agora me referi a casos em que já dispomos de uma maneira de fazer as coisas. A busca de alternativas é, de fato, a pesquisa de um modo melhor de agir. No entanto, também existem situações em que ainda não contamos com uma forma de proceder.

Ao planejarmos uma viagem, estabelecemos rotas alternativas. Da mesma maneira, quando completamos o mapa mental de uma situação, procuramos outras opções para nosso destino.

O conceito de alternativa sugere que usualmente há mais de uma forma de agir, mais de um jeito de olhar para as coisas.

O reconhecimento de que pode haver alternativas e a busca por elas são partes fundamentais do pensamento criativo. Sem dúvida, as diferentes técnicas do pensamento lateral são dirigidas para o encontro de novas opções.

A disposição de procurar alternativas (de percepção, de explicação, de ação) é um elemento-chave do pensamento de chapéu verde.

"O jornal que compete com o nosso acabou de aumentar seu preço. Agora coloquem o chapéu verde e elaborem uma lista de alternativas para fazermos frente a isso."

"Acabamos de receber um bilhete com uma ameaça de extorsão: se não pagarmos uma grande quantia, nossos produtos expostos nas lojas serão envenenados. Vamos analisar as opções óbvias que temos à mão e depois colocar o chapéu de pensamento verde para encontrar mais algumas."

A pesquisa de alternativas implica uma atitude criativa: a aceitação de que existem abordagens diferentes. A busca efetiva de outras opções pode não requerer criatividade especial até que todos os caminhos óbvios tenham sido explorados. Pode ser simplesmente uma questão de concentrar a atenção no assunto e listar todas as maneiras conhecidas de lidar com ele. Porém, só isso não é suficiente. Assim como precisamos nos empenhar em ir além da primeira solução que aparece, devemos fazer um esforço criativo para exceder o conjunto de alternativas evidentes. Estritamente falando, talvez apenas o pensamento de chapéu verde seja necessário a essa procura extra. A primeira parte da pesquisa pode até ser executada com o chapéu branco: "Investiguem as abordagens que são normalmente usadas em tais situações."

Na prática, é mais conveniente realizarmos toda a busca por alternativas adotando o pensamento de chapéu verde.

No treinamento de executivos, é atribuído um grande destaque ao ato de tomar decisões. No entanto, a qualidade de qualquer escolha depende em boa parte das alternativas que se encontram disponíveis para a pessoa encarregada de realizá-la.

"Vamos ter que decidir o local de instalação do camping. Coloquem o chapéu verde e me passem todas as alternativas possíveis. Depois poderemos selecioná-las."

"Como vamos distribuir esses computadores? Quais são as estratégias viáveis?"

Muitas pessoas acreditam que a verificação lógica revela todas as opções possíveis. Embora esse exame possa dar resultado em um sistema fechado, ele raramente alcança sucesso em situações reais.

> *"Só existem três alternativas possíveis: deixar os preços na faixa em que se encontram agora, baixá-los ou aumentá-los. Não há nada mais que possamos fazer."*

É verdade que qualquer ação possível em relação ao preço deve eventualmente cair em uma dessas três categorias. Contudo, existe um número imenso de variações: deixar para baixar o preço mais tarde (e quando será esse "mais tarde"?); reduzir o preço de apenas alguns itens; modificar o produto e fabricar uma versão de baixo custo; alterar a promoção do produto para justificar um preço mais alto (mantendo o valor ou até mesmo elevando-o); diminuir o preço durante um tempo e depois aumentá-lo de novo; não mudar o preço, mas fazer descontos especiais; baixar o preço e depois cobrar a mais por opções. Assim que tivermos considerado essas hipóteses (e existem muitas outras), poderemos de fato classificá-las em uma das três alternativas. Mas listar somente as três escolhas básicas não será suficiente para produzir todas essas alternativas.

Uma falha muito comum de quem é rígido nesse tipo de raciocínio é esboçar as amplas categorias de alternativas e depois não acrescentar mais nada.

> *"O que realmente quero é fazer as duas coisas: aumentar e baixar os preços ao mesmo tempo. Vamos criar uma linha popular de baixo custo e uma linha de luxo com preço mais alto."*

Há níveis diferentes de alternativas. Estou com tempo livre. O que vou fazer com ele? Tirar umas férias. Fazer um curso. Trabalhar em meu jardim. Pôr em dia alguns trabalhos atrasados.

Se eu optar pelas férias, passo para o nível de decisão seguinte. Que tipo de férias desejo ter? Podem ser uns dias de sol na praia. Ou um cruzeiro. Também posso aproveitar esse tempo para praticar esportes. Caso eu opte por férias na praia, me movo novamente para o próximo nível de decisão. Para onde irei? Meu destino pode ser o Mediterrâneo, o Caribe ou as ilhas do Pacífico. E ainda tenho que escolher o meio de transporte para chegar até lá e o lugar em que vou me hospedar.

Sempre que procuramos por uma alternativa, fazemos a busca em uma estrutura aceita, e esta determina o nível de decisão. Em geral, queremos permanecer nos limites estabelecidos por essa estrutura.

> *"Eu lhe pedi modelos alternativos para um cabo de guarda-chuva e você me trouxe um projeto para uma nova capa de chuva."*

De vez em quando é necessário desafiar a estrutura e mover-se para um nível superior.

> *"Você solicitou que apresentássemos formas alternativas de colocar a carga nos caminhões. Mas acredito que faria muito mais sentido enviar nosso produto por trem."*

> *"Você me pediu que sugerisse a mídia que usaremos na campanha de publicidade. No entanto, eu lhe digo que esse dinheiro seria muito mais bem empregado em ações de relações públicas."*

Sem dúvida, podemos lançar um desafio à estrutura de tempos em tempos e mudar de nível. Porém, também devemos estar preparados para criar alternativas no nível que foi especificado.

A criatividade ganha péssima reputação quando as pessoas inventivas fazem questão de resolver um problema diferente daquele que lhes foi apresentado. O dilema permanece real: quando trabalhar dentro da estrutura recomendada e quando cair fora dela.

Chegamos ao que pode ser o ponto mais difícil da área da criatividade – a *pausa criativa*. Ela não existe por si mesma – a não ser que a coloquemos deliberadamente dentro da estrutura.

Algo está funcionando às mil maravilhas. Procuramos alternativas em todos os aspectos óbvios. Já listamos todas as diferentes abordagens conhecidas para o problema. Que mais podemos desejar da criatividade?

Já passei vários minutos tentando desligar um despertador que não estava tocando. Eu não havia feito uma pausa que me permitisse notar que o som do alarme estava vindo de outro relógio. A pausa criativa surge quando dizemos: "Não existe uma razão óbvia para que eu pare e considere as possíveis alternativas. Mas vou parar."

Em geral, estamos tão voltados para os problemas que, na ausência deles, preferimos seguir adiante em vez de darmos um tempo e criarmos mais trabalho mental para nós mesmos.

> *"Não quero pensar que temos um problema porque não temos. Mas desejo que vocês coloquem o chapéu verde e façam uma pausa criativa com relação a nosso hábito de pintar os automóveis antes de vendê-los."*

> *"Façam uma pausa criativa com o chapéu verde neste ponto: os vendedores ganham comissões proporcionais às vendas que realizam."*

CAPÍTULO

33

O pensamento de chapéu verde

A personalidade e a habilidade

A criatividade é uma questão de habilidade, talento ou personalidade?
Trocar de máscara é mais fácil do que trocar de rosto.
Exercer uma habilidade é motivo de orgulho.

COSTUMAM ME PERGUNTAR se a criatividade é uma questão de habilidade, talento ou personalidade. A resposta correta é: ela pode envolver esses três elementos. No entanto, eu não digo isso. Se não fizermos um esforço para desenvolver a habilidade criativa, ela *pode ser somente* uma questão de talento e personalidade. As pessoas tendem a aceitar que a criatividade é uma questão de talento e personalidade. Assim, uma vez que não sejam dotadas dessa qualidade, preferem deixá-la para quem a possui. Por esse motivo, enfatizo o desenvolvimento intencional do pensamento criativo (por meio de técnicas do pensamento lateral, por exemplo). Depois, destaco o fato de que, ainda assim, algumas pessoas serão melhores do que outras em relação à capacidade criadora – do mesmo modo que determinados indivíduos são melhores como dançarinos ou jogadores de futebol –, mas que a maioria pode atingir um bom grau de competência.

Não gosto da idéia de considerar a criatividade um dom especial. Prefiro pensar nela como uma parte normal e necessária do pensamento de cada um de nós. Não vamos todos nos tornar gênios, mas também não são todos os tenistas que têm esperança de vencer em Wimbledon.

É comum me falarem de indivíduos que usam naturalmente o pensamento de chapéu preto. Eles parecem se deliciar em destruir qualquer idéia ou sugestão de mudança. Também costumam me perguntar se é possível suavizar a personalidade de pessoas desse tipo – se há como torná-las mais tolerantes em relação à criatividade, mesmo que elas próprias nunca queiram utilizar esse tipo de habilidade.

Não acredito que seja possível transformar uma personalidade. De qualquer modo, creio que, se um indivíduo for apresentado à "lógica" da criatividade, ele pode mudar de forma permanente sua atitude com relação a essa faculdade. Ao longo da minha experiência, vi diversos exemplos desse tipo de acontecimento. A abordagem mais prática, no entanto, é aprender a usar a linguagem do chapéu verde.

> *"Quando está usando o pensamento de chapéu preto, você realiza uma tarefa soberba. Não quero diminuir sua eficiência crítica. Porém, e quanto ao pensamento de chapéu verde? Veja o que consegue fazer com ele."*

> *"Talvez você prefira ser alguém que pensa com um só chapéu. Pode não ser capaz de cobrir todas as áreas. Quem sabe você só esteja apto a cantar uma única música. É possível que tenha que permanecer um especialista em negatividade. Nosso grupo só o chamará para a discussão quando precisarmos do pensamento de chapéu preto."*

Ninguém gosta de ser visto como uma pessoa que só tem uma habilidade. Um indivíduo que seja excelente no uso do pensamento de chapéu preto apreciaria também ser considerado pelo menos razoável no emprego do pensamento de chapéu verde.

A clara separação entre o chapéu preto e o chapéu verde significa que o especialista em chapéu preto não sente que precisa diminuir sua negatividade para se tornar criativo. Quando está sendo negativo, ele pode ser tão negativo quanto antes (contraponha isso a tentativas de modificar uma personalidade).

A máscara da tragédia e a máscara da comédia estão separadas do ator. Ele não se modifica, apenas interpreta plenamente cada uma dessas partes, dependendo da máscara que estiver usando no momento. Sem dúvida, esse artista sente orgulho de sua capacidade de representar tanto um papel cômico quanto um papel trágico. Orgulha-se da sua habilidade como ator.

Exatamente da mesma forma, uma pessoa precisa sentir orgulho da sua habilidade de pensar. Isso significa aptidão para usar todos os seis chapéus e desenvolver o pensamento apropriado quando estiver com cada um deles. Já mencionei esse ponto antes e só decidi repeti-lo aqui por causa da questão prática de lidar com a personalidade negativa.

> *"Agora estamos praticando o pensamento de chapéu verde. Se você não é capaz de exercitá-lo, simplesmente fique quieto por enquanto."*

> *"Você pode pelo menos tentar utilizar o pensamento de chapéu verde. Se não se dispuser a fazer nem mesmo uma tentativa, jamais desenvolverá confiança em sua capacidade de usá-lo."*

O raciocínio criativo encontra-se normalmente em uma posição fraca porque não parece ser um elemento necessário ao processo de pensamento. Mas a convenção do chapéu verde o torna uma parte reconhecida desse processo juntamente com os demais aspectos.

CAPÍTULO

34

O pensamento de chapéu verde

O que acontece com as idéias?

O que acontece agora?

A moldagem e a adaptação das idéias.

O gerente de conceitos.

Um dos pontos mais fracos da criatividade é a "colheita" de idéias. Já participei de muitas sessões criativas em que surgiu um grande número de boas idéias. Mas, no ponto em que os participantes deveriam se manifestar sobre essas sugestões, a maioria delas ainda não havia sido percebida nem escolhida pelos presentes.

Tendemos a olhar somente para a decisão inteligente final. Ignoramos tudo o mais. No entanto, pode haver muitos outros tópicos de valor. Talvez tenham surgido novas direções conceituais, embora ainda não contemos com meios específicos que nos permitam segui-las. Podem existir idéias incipientes necessitando de mais elaboração para que seja possível aplicá-las. Quem sabe novos princípios tenham sido criados, mesmo que ainda estejam carentes de uma roupagem prática. Ou pode ter ocorrido uma alteração no "sabor" de uma idéia (o tipo de proposta que foi gerada); uma modificação na área de soluções percebidas (em que as pessoas estejam procurando soluções); e definições inéditas de "áreas sensíveis a idéias" (aquelas em que um novo conceito poderia fazer uma grande diferença). Todos esses tópicos devem ser notados.

Deve ser parte integrante do processo criativo moldar e adaptar uma idéia até que ela se torne mais próxima de satisfazer dois conjuntos de necessidades. O primeiro deles é apresentado pela situação presente. É realizada uma tentativa de ajustar a sugestão inicial ao formato de uma idéia utilizável. Isso é feito por meio da utilização de restrições, que são então usadas como moldadores.

"Essa é uma grande proposta, porém nesse formato seria extremamente dispendiosa. Podemos moldá-la para que se torne menos cara?"

"No momento as normas de construção não nos permitem fazer isso. Podemos ajustar essa idéia para que ela não contrarie as regras? È possível?"

"Esse é o produto certo para uma grande empresa. Infelizmente, ainda somos pequenos. Existe um meio de adaptar essa sugestão para nosso próprio uso?"

Note que as restrições são apresentadas como moldadores, e não como critérios de rejeição.

O segundo conjunto de necessidades que deve ser satisfeito é aquele demonstrado pelas pessoas que terão que agir a partir da idéia em questão. Infelizmente, não vivemos em um mundo perfeito. Seria muito bom que todos pudessem perceber com clareza o brilho e o potencial de uma sugestão da mesma forma como eles parecem óbvios para quem a criou. Mas não é assim que costuma acontecer. Parte do processo criativo consiste em moldar a proposta para que ela se encaixe melhor no perfil das necessidades daqueles que terão que "comprá-la".

"No momento só há interesse em idéias que sirvam para economizar dinheiro. Há algum modo de fazer com que essa sugestão seja encarada como uma forma de economizar – agora ou mais tarde?"

"Para ser aceitável, uma sugestão não pode ser nova demais. Ela tem que ser considerada parecida com uma idéia antiga que tenha dado certo. Que comparações poderão ser feitas nesse caso?"

"A capacidade de se testarem idéias no estilo plano-piloto tem recebido grande destaque. Como poderemos testar essa sugestão?"

"A alta tecnologia é a nova moda agora. A tecnologia eletrônica poderia contribuir para aperfeiçoar essa proposta?"

Em certos momentos, pode parecer que esse processo está atingindo o limite da desonestidade. No entanto, não existe nada de vil em confeccionar um produto sob medida para o cliente. Desse modo, também as idéias devem ser elaboradas de tal maneira que se encaixem nas necessidades do "comprador" (dentro da empresa).

Em livros anteriores, sugeri a criação do cargo de *gerente de conceitos*. Essa pessoa seria responsável por estimular, coletar e cuidar das idéias. Ela organizaria sessões geradoras de propostas. Colocaria os problemas debaixo do nariz daqueles que, em tese, devem resolvê-los. Esse profissional administraria idéias do mesmo modo que um gerente financeiro responde pela parte econômica.

Quando uma pessoa ocupa esse cargo, ela reúne os resultados do pensamento de chapéu verde. Porém, quando essa posição não existe, os resultados permanecem com aqueles que os criaram e são aproveitados somente por eles.

Em seguida, temos o estágio do pensamento de chapéu amarelo, que inclui o desenvolvimento construtivo de uma idéia. Também abrange a avaliação positiva e a busca por benefícios e valores que tenham sustentação. Esses temas já foram abordados nos capítulos pertinentes ao pensamento de chapéu amarelo.

Depois, vem o estágio do pensamento de chapéu preto. Mas o pensamento de chapéu branco pode ser empregado a qualquer momento para fornecer os dados necessários para avaliar a idéia – se dará certo ou se terá valor mesmo que não funcione.

O último estágio é o pensamento de chapéu vermelho: gostamos da idéia o suficiente para seguir em frente com ela? Pode parecer estranho submeter uma proposta a um julgamento emocional apenas no fim. No entanto, a expectativa é que essa avaliação seja embasada nos resultados que se tornaram disponíveis após o minucioso exame feito com os chapéus preto e amarelo. No fim, se não houver entusiasmo por uma sugestão, é improvável que ela obtenha sucesso, não importa quanto possa ser boa.

CAPÍTULO

35

Sumário do pensamento de chapéu verde

O CHAPÉU VERDE DESTINA-SE ao pensamento criativo. Quem o coloca adota a linguagem desse pensamento. Os que se encontram ao seu redor devem tratar suas afirmações como resultados criativos. É bom que tanto o participante que está se manifestando quanto os ouvintes estejam usando esse chapéu.

O verde simboliza a fertilidade, o crescimento e o valor das sementes. A busca por alternativas é um aspecto fundamental do pensamento de chapéu verde. É preciso ir além do óbvio e do satisfatório. Com o chapéu verde, usamos a pausa criativa para considerar a possibilidade de haver idéias alternativas. Não é preciso que exista uma razão especial para essa pausa.

A linguagem do movimento substitui a do julgamento. O objetivo é seguirmos em frente com uma idéia para que possamos chegar a outra. A provocação é parte importante do pensamento de chapéu verde e é simbolizada pela sigla PO. Ela é usada para nos tirar dos padrões usuais de pensamento. Um meio de criar provocações é o método da palavra aleatória.

O pensamento lateral é um conjunto de atitudes, linguagens e técnicas destinado a estabelecer atalhos entre os padrões em um sistema assimétrico, capaz de se auto-organizar. É usado para produzir conceitos e percepções.

O CHAPÉU AZUL

PENSE NO CÉU AZUL ACIMA da sua cabeça. Imagine uma "visão geral do alto". O objetivo do chapéu azul é pensar a respeito do pensamento.

Esse chapéu é como o regente de uma orquestra. O maestro obtém os melhores resultados cuidando para que o que deve ser feito seja executado no momento exato. O chapéu azul assemelha-se ao mestre-de-cerimônias no picadeiro de um circo. Ele se destina à administração e à organização do pensamento. Sua função é controlar o processo.

A utilização do chapéu azul no início de uma reunião expõe a situação. Esse chapéu pode buscar definições alternativas para um problema. Ele apresenta o propósito do pensamento e determina o que deve ser alcançado.

É com o uso do chapéu azul inicial que a seqüência da aplicação dos demais chapéus é estabelecida. Esse chapéu pode ainda especificar outros processos de pensamento – mesmo que os chapéus não venham a ser empregados. Ele define a "estratégia" do pensamento. Durante a sessão, é o chapéu azul que assegura a disciplina e garante que os participantes se mantenham dentro dos parâmetros do chapéu que está sendo adotado no momento. E também é ele que anuncia uma troca de chapéus.

Tipicamente, o chapéu azul é usado pelo facilitador, presidente ou líder da reunião. Essa função é permanente. Além disso, durante uma sessão para a utilização específica desse chapéu, qualquer participante pode apresentar sugestões sobre os procedimentos relativos à reunião.

No fim de uma sessão, o chapéu azul pede o resultado, que é apresentado na forma de sumário, conclusão, decisão, solução, e assim por diante. Esse chapéu pode até reconhecer que foi feito muito pouco progresso. Durante o uso do chapéu azul final, é permitida a exposição das etapas seguintes – que tanto podem ser ações quanto novas sessões de pensamento sobre alguns pontos em particular.

CAPÍTULO

36

O chapéu azul

O controle do pensamento

Pensando sobre o pensamento.
Instruções para o pensamento.
A organização do pensamento.
O controle dos outros chapéus.

QUANDO USAMOS O CHAPÉU AZUL, já não estamos mais pensando sobre o tema em questão, e sim sobre o pensamento necessário para explorar tal assunto. A cor azul simboliza o controle inerente à "visão geral do alto", uma vez que o céu está acima de tudo. Mas o azul também sugere distanciamento e a capacidade de nos mantermos calmos e no controle.

Os computadores seguem programas que lhes dizem sem parar o que precisam fazer. O chapéu azul está associado à programação do pensamento humano.

Quando o colocamos, somos capazes de estabelecer um plano de pensamento com detalhes sobre o que deve acontecer em uma seqüência definida. Podemos empregá-lo para dar instruções a todo momento. Os diferentes passos do balé requerem um coreógrafo que determine sua seqüência. Do mesmo modo, usamos o chapéu azul quando desejamos coreografar as etapas do pensamento.

Esse conceito de pensamento formalmente estruturado é muito diferente da noção tradicional do pensamento como uma discussão que flui de modo livre sem uma estrutura geral.

"Meu pensamento de chapéu azul sugere que a esta altura já deveríamos estar em busca de alternativas."

"Não temos muito tempo para examinar o assunto. Portanto, precisamos usar com eficiência o pouco tempo de que dispomos. Alguém gostaria de sugerir uma estrutura de chapéu azul para nosso pensamento?"

"Até agora, não chegamos a lugar nenhum. Colocando o chapéu azul, proponho que exercitemos um pouco o pensamento de chapéu vermelho para esclarecer as coisas. O que realmente sentimos com relação à proposta de diminuição das horas extras?"

O pensamento costuma ser arrastado pela correnteza. Ele não se define e reage a qualquer coisa que surja de um momento para outro. Por trás de tudo, permanece um sentido de propósito, mas isso nunca é manifestado, seja como objetivo geral, seja como metas menores. Sugestões, julgamentos, críticas, informações e simples emoções misturam-se em uma espécie de "salada de pensamento". Parece ser uma questão de ficar embromando até que alguém tropece em alguma abordagem já conhecida que aparentemente proporcione aquilo que se deseja. É uma exploração casual de experiências fortemente guiada por uma crítica negativa. A suposição subjacente é de que pessoas razoavelmente inteligentes que recebam informações básicas em quantidade suficiente irão listar, no decorrer de uma discussão, as opções de ação e escolher as mais apropriadas.

Existe também a suposição de que o pensamento será moldado pelas experiências passadas e pelas restrições presentes de tal forma que um resultado "evoluirá" naturalmente e será purificado pelas críticas. A analogia com a evolução é direta, pois a teoria de Darwin aponta a sobrevivência das espécies mais aptas e, no processo de pensamento, sobrevivem as idéias mais adequadas. As cruéis pressões do ambiente são substituídas pela dura pressão da negatividade.

O que ocorre em seguida nesse tipo de pensamento é que aqueles que participam da reunião já têm as propostas, e uma delas será escolhida como solução. Essas sugestões podem ter sido elaboradas pelo pensamento individual ou apresentadas por "especialistas".

No contexto deste livro, o que interessa é aquele tipo de pensamento voltado para a montagem de um mapa, em que o terreno é primeiramente explorado e registrado. Depois, as possíveis rotas através dele são observadas até que, finalmente, uma delas seja escolhida.

Aqueles que se encontram envolvidos em uma situação sustentam que seu pensamento sobre o assunto flui o tempo todo, e não apenas quando eles se reúnem para uma discussão formal. Na realidade, mais do que fazer com que as pessoas pensem, o propósito desses debates é compartilhar os resultados do pensamento produzido previamente. Nesse aspecto, estamos nos aproximando da discussão argumentativa no estilo ocidental.

Eu me sentiria feliz se percebesse que uma grande quantidade de pensamento voltado para a montagem de um mapa tivesse ocorrido antes que os diferentes pontos de vista fossem elaborados. Mas é raro isso acontecer. A pessoa dá uma rápida olhada ao redor para buscar uma visão baseada na experiência e em preconceitos e, em seguida, procura refiná-la por meio de discussões. Esse tipo de procedimento é tipificado pelo método tradicional utilizado na elaboração das redações escolares. O aluno é orientado a escrever a conclusão na primeira linha e depois utilizar o corpo do texto para apoiá-la. O pensamento é empregado como suporte, e não para explorar. Isso também acontece na política e nos tribunais. Ambos os lados começam a se manifestar com posições previamente estabelecidas.

O vaivém dos argumentos fornece o impulso para o pensamento. É por isso que muitas pessoas consideram mais fácil pensar quando se encontram em grupo do que quando estão sozinhas. Quem pensa sem a ajuda de ninguém tem uma necessidade de muito maior da estrutura do chapéu azul.

Se formos adotar o pensamento voltado para a montagem de um mapa, precisaremos estabelecer uma estrutura. O ataque e a defesa já não a proporcionam mais. Assim como um explorador necessita de um plano de procedimentos, aquele que pensa requer uma estrutura organizadora.

A estrutura pertinente ao chapéu azul pode fornecer um plano indicador do que acontecerá a cada momento – assim como faz um programa de computador. Na maioria das vezes, o pensamento de chapéu azul controla aquele tipo de pensamento que é voltado para a discussão, assim como um cocheiro mantém os cavalos sob seu domínio, guiando-os com as rédeas momento a momento.

"Neste estágio vamos aplicar o pensamento de chapéu branco."

"Agora precisamos de algumas propostas. Isso significa usar o pensamento de chapéu amarelo. Façam sugestões concretas, por favor."

"Por gentileza, suspendam o pensamento de chapéu preto por um momento. Não estou satisfeito com as idéias que tivemos até agora. Vamos adotar o pensamento de chapéu verde a partir do ponto em que estamos."

Quase sempre será uma questão de inserir ocasionalmente um chapéu de pensamento em uma discussão do tipo tradicional que já esteja em andamento.

"Quero que cada um de vocês manifeste seu pensamento de chapéu vermelho a respeito disso. Como vocês se lembram, o uso desse chapéu permite que todos expressem suas emoções e seus sentimentos sem a necessidade de justificá-los."

"Talvez vocês nem saibam, mas estiveram usando o pensamento de chapéu preto até agora – isso significa julgamento negativo. Vocês disseram por que a idéia não vai dar certo. Agora quero que passem para o pensamento de chapéu amarelo. Todos devem fazer uma avaliação positiva por alguns instantes."

"Não estou interessado em suas opiniões nem em suas sugestões. O que desejo são alguns minutos de puro pensamento de chapéu branco: fatos e números sem nenhuma interpretação."

"Temos que fazer uma pausa para pensar um pouco com o chapéu azul. Esqueçam o assunto por enquanto. De que maneira vamos organizar nosso pensamento?"

Ressalto que o pensamento de chapéu azul não se limita a organizar a aplicação dos demais chapéus. Ele pode ser usado também para ordenar outros aspectos do pensamento, como a avaliação de prioridades ou uma relação de restrições.

CAPÍTULO

37

O pensamento de chapéu azul

O enfoque

Fazendo as perguntas certas.
Definindo o problema.
Determinando as tarefas do pensamento.

O ASPECTO DO *FOCO* é um dos papéis-chave do pensamento de chapéu azul. A diferença entre uma pessoa que sabe pensar de forma apropriada e alguém que não consegue fazer isso costuma estar na habilidade de focalizar uma questão. Exatamente a que o pensamento deve se dirigir? Não é suficiente tomar consciência apenas do seu propósito amplo.

"Queremos enfocar a preparação de um leque de possíveis respostas ao corte de preços anunciado por nosso concorrente."

"Vamos nos concentrar no que cada um de nós deseja do próximo feriado."

"Guarda-chuvas e publicidade. Quero idéias criativas sobre como guarda-chuvas comuns podem ser utilizados em nossos anúncios."

"Como fazer com que os hóspedes que estão satisfeitos motivem seus amigos a usar nosso hotel? Esse é o foco específico."

"O foco amplo é descobrir novos segmentos de mercado em que possamos introduzir nossas lanchonetes. O foco estreito é convencer pessoas da terceira idade a freqüentar essas instalações fora dos horários de pique."

O foco pode ser amplo ou estreito. No primeiro caso, são admitidos vários focos específicos. No que diz respeito ao foco, o importante é que sua *descrição seja delimitada.* O pensamento de chapéu azul deve ser usado especialmente para elaborar a definição do foco e para monitorar qualquer desvio em relação a ele. O tempo que despendemos pensando sobre o pensamento não é um desperdício.

"Estou colocando o chapéu azul para dizer que nos afastamos muito do tema sobre o qual nos propusemos a pensar no começo desta sessão. É verdade que reunimos uma série de idéias interessantes, mas nenhuma delas é relevante para o foco inicial. Precisamos voltar aos trilhos. Alguém mais quer fazer um comentário com o chapéu azul?"

"Comecem a empregar o pensamento de chapéu azul e manifestem sua opinião sobre nosso desempenho. Estamos chegando a algum lugar?"

Fazer uma pergunta é a maneira mais simples de focalizar o pensamento. Costuma-se dizer que formular a indagação certa pode ser a parte principal do pensamento. Infelizmente, é muito mais fácil elaborá-la depois que a resposta já foi apresentada. No entanto, dar uma atenção cuidadosa à estrutura e ao foco de uma pergunta é um aspecto importante do pensamento de chapéu azul.

Existem dois tipos de perguntas. Um deles é o exploratório (é como colocar a isca no anzol sem saber exatamente o que se conseguirá com aquilo). O outro é o direto, usado para verificar determinada questão e cuja resposta é um sim ou um não (é como atirar em um pássaro e acertar ou errar).

"A questão não é tanto o que fazemos, mas quando fazemos. Identificar o tempo apropriado é vital. Que fatores devemos considerar para determinar o momento certo?"

"O importante é saber se as vantagens tributárias foram realmente percebidas pelos clientes ou se elas apenas deram a nossos corretores um argumento conveniente para facilitar a venda dos seguros."

Na realidade, um problema é somente um tipo especial de pergunta: como vamos conseguir isso? A definição do problema é importante, caso contrário a solução pode ser irrelevante ou desnecessariamente incômoda. Esse é o verdadeiro problema? Por que desejamos resolvê-lo? Qual é o obstáculo que está por trás dele?

"O clima frio não é o verdadeiro problema aqui. O obstáculo é a percepção que as pessoas têm do frio. Isso nós podemos mudar."

"O problema não é o fato de não termos neve, e sim não podermos esquiar sem ela. Por isso, colocamos as pessoas em um ônibus e as levamos até onde a neve está."

Em vez de presumir que encontramos a melhor descrição do problema, é mais prático estabelecer um leque de definições alternativas. Tudo isso faz parte do pensamento de chapéu azul.

Quem usa o chapéu azul tem também a função de estabelecer tarefas específicas de pensamento. Isso é ainda mais importante quando um indivíduo está pensando sozinho.

"Vamos determinar o objetivo desta reunião. Que tipo de resultado será considerado um sucesso?"

"Comecem fazendo uma lista das áreas em que as duas partes concordam."

"A tarefa estabelecida para nosso pensamento é descobrir como podemos decidir esse ponto aqui e agora."

"Relacionem quatro 'áreas sensíveis a idéias' que tenham a ver com educação escolar."

"Submetam nossa campanha de publicidade atual ao pensamento de chapéu preto."

Uma tarefa de pensamento tanto pode ser muito restrita quanto bastante ampla. Ela pode requerer uma realização específica ou solicitar o fornecimento de dados para uma área.

"Só quero que me dêem algumas idéias exploratórias sobre o negócio de compras pela televisão."

"Como poderemos verificar se a estratégia deles foi bem-sucedida?"

"Por que estamos encontrando dificuldade em nos decidir por uma dessas alternativas?"

Quando não se consegue realizar uma tarefa de pensamento, uma anotação sobre esse fracasso deve ser registrada.

"Não encontramos a explicação para esse aumento no consumo de doces. Vamos ter que voltar a esse assunto mais tarde e ver se conseguimos produzir algumas hipóteses que possam ser testadas."

"Não fomos capazes de ter nenhuma idéia para elevar o consumo de carne de cordeiro. Talvez seja melhor dividirmos essa questão em subproblemas."

Com o chapéu azul, levantamos o alvo e dizemos: "Aqui está ele. Atirem nesta direção."

CAPÍTULO

38

O pensamento de chapéu azul

Projeto de um programa

Avançar passo a passo.
Um software para o pensamento.
A coreografia.

Os COMPUTADORES TÊM o seu software, que determina o que eles devem fazer a cada instante. Sem esse tipo de programa, um computador não pode funcionar. Uma das funções do pensamento de chapéu azul é projetar um software para o pensamento em relação a um assunto em particular. É possível estabelecer estruturas fixas que possam ser aplicadas a qualquer situação. Este capítulo trata do software que é feito sob medida e elaborado para cada circunstância específica.

"Vamos começar com um pouco de pensamento de chapéu azul para elaborar o programa que desejamos seguir."

"Essa é uma situação fora do comum. Por onde começamos? Sobre o que exatamente deveremos pensar?"

Já mencionei que, na maior parte do tempo, o pensamento dos seis chapéus consistirá em intervenções ocasionais durante a exposição de um pensamento normal no estilo da discussão argumentativa. Haverá pedidos eventuais de um tipo específico de pensamento simbolizado por um chapéu de pensamento. Aqui pretendo considerar as possibilidades de um programa formal que estabelece uma seqüência de etapas.

Existe a dança livre, em que os dançarinos improvisam a todo momento, com o objetivo de expressar o tema geral. Há também o balé formal, em que cada passo é precisamente determinado pela coreografia. É desse aspecto coreográfico do pensamento de chapéu azul que vou tratar agora. Mas não quero que você pense que essa é a maneira como o pensamento dos seis chapéus deve ser usado o tempo todo.

Também desejo esclarecer mais uma vez que os programas do chapéu azul podem incluir muito mais aspectos do pensamento do que apenas os seis chapéus.

> *"Deveríamos começar analisando todos os fatores que temos que levar em consideração ao projetar essa linha de roupas infantis."*

> *"Vamos dar início à reunião fazendo o mapeamento das áreas de concordância, das áreas de discordância e das áreas irrelevantes nesta disputa."*

Os programas variam de acordo com a situação. O programa utilizado na solução de um problema é diferente de outro empregado para projetar um barco. Um programa de negociação não é idêntico a um que seja usado para tomar uma decisão – até mesmo nessa área, os programas podem ser distintos, dependendo do tipo de decisão a ser tomada. Quando estamos com o chapéu azul, adaptamos o programa para que ele atenda as necessidades da situação presente, assim como um carpinteiro realiza um planejamento antes de começar a fazer uma cadeira ou um armário.

Caso o assunto em pauta seja do tipo que desperte sentimentos muito fortes entre as pessoas, faz sentido empregar o pensamento de chapéu vermelho no começo do programa. Isso traz os sentimentos à tona e os torna visíveis. Sem o pensamento de chapéu vermelho, cada participante da reunião pode acabar tentando expressar suas emoções indiretamente, usando outros meios, como um excesso de pensamento de chapéu preto. No entanto, uma vez que as emoções passam a ser aparentes, a pessoa se sente um pouco mais livre delas. Talvez haja até mesmo uma pressão maior sobre ela para que seja objetiva.

A etapa seguinte pode ser o pensamento de chapéu branco para que todas as informações relevantes sejam dispostas sobre a mesa. Em geral, é necessário retornar a esse pensamento de tempos em tempos – como uma espécie de pequena rotina – para verificar diversos pontos.

Depois, o pensamento de chapéu amarelo é aplicado para apresentar as propostas e sugestões existentes. Pode haver uma intercalação entre o pensamento de chapéu azul e o pensamento de chapéu amarelo enquanto o primeiro expõe perguntas e salienta áreas problemáticas. O pensamento de chapéu branco também pode ser utilizado para acrescentar as formas mais valorizadas de se abordar o problema.

"No passado, o que fizemos em situações desse tipo foi o seguinte..."

"As abordagens tradicionais são conhecidas por todos vocês. Mesmo assim, vou repeti-las agora."

Com o pensamento de chapéu azul definem-se as áreas de enfoque que precisam de conceitos novos. Em seguida, o pensamento de chapéu verde tenta produzir essas propostas originais. Alternativamente, pode haver um período formal de emprego do pensamento de chapéu verde durante o qual cada pessoa executa sozinha sua própria pausa criativa.

> *"Gostaria de verificar se pode haver formas mais simples de ajustarmos pagamentos de prêmios ao fluxo de caixa de uma pessoa."*

> *"Tem que existir uma maneira melhor de vendermos livros. Quero o pensamento de chapéu verde de vocês sobre essa questão."*

Nesse ponto, o uso do pensamento de chapéu azul permite organizar as propostas disponíveis numa lista formal. Essas sugestões podem ser então dispostas em diferentes categorias: as que requerem avaliação individual, as que exigem uma amplificação posterior e as que precisam apenas ser anotadas.

Uma mistura de pensamento dos chapéus branco, amarelo e verde pode ocorrer nesse momento, com o objetivo de desenvolver e estender cada uma das propostas existentes. Essa é a fase do pensamento construtivo.

Assim, o puro pensamento de chapéu amarelo é usado para estabelecer uma avaliação positiva de cada uma das alternativas que chegaram a ser consideradas possibilidades de peso.

O pensamento de chapéu preto é aplicado em seguida para realizar uma seleção. Seu propósito é destacar quais alternativas são impossíveis ou inviáveis. Esse pensamento pode também desafiar o valor das alternativas apontadas como utilizáveis.

Agora são empregados os pensamentos de chapéu amarelo e de chapéu verde para superar as dificuldades apresentadas pelo pensamento de chapéu preto: corrigem-se as falhas, removem-se os pontos fracos e solucionam-se os problemas.

Segue-se uma nova avaliação com o chapéu preto para que se apontem riscos, perigos e deficiências.

Depois, pode ocorrer mais um período de pensamento de chapéu azul, com o objetivo de montar uma visão geral do que foi alcançado e também organizar uma estratégia para a "escolha da rota".

O pensamento de chapéu vermelho é então empregado para permitir que as pessoas expressem seus sentimentos em relação às escolhas disponíveis.

O procedimento de escolha se estabelece agora como uma mistura dos pensamentos de chapéu amarelo e de chapéu preto – procurando as alternativas que se adaptem melhor às necessidades.

Por fim, uma sessão de pensamento de chapéu azul determina a estratégia a ser empregada para pensar a respeito da implementação.

Tudo isso pode parecer uma seqüência bastante complexa, mas, na prática, cada um desses estágios flui naturalmente para o seguinte – do mesmo modo como mudamos as marchas enquanto dirigimos.

Quando houver um programa fixo, é essencial que isso fique claro para todos os participantes da reunião. Se uma pessoa sabe que uma sessão de pensamento de chapéu preto logo terá início, ela se sentirá menos inclinada a fazer intervenções que tenham as características desse chapéu na tentativa de evitar que um ponto possa ser deixado de lado.

Vale a pena lembrar que a maior parte do pensamento é de fato uma mistura dos pensamentos de chapéu branco e preto – com emoções de chapéu vermelho não manifestadas ao fundo.

"É isso que precisamos fazer nesse tipo de situação."

"É por esse motivo que sua sugestão não vai funcionar."

O programa do chapéu azul pode ser predeterminado por alguém que está conduzindo a sessão ou pode ser elaborado mediante o uso do chapéu azul por todos os presentes.

CAPÍTULO

39

O pensamento de chapéu azul

Resumos e conclusões

Observação e visão geral.
Comentários.
Sumários, conclusões, coleta de resultados e relatórios.

A PESSOA COM O CHAPÉU AZUL está olhando para o pensamento que está ocorrendo. Ela é o coreógrafo que projeta as etapas, mas também o crítico que observa os acontecimentos. Esse indivíduo não está dirigindo o carro ao longo da estrada, e sim observando o motorista. E está prestando atenção também na rota percorrida.

A pessoa com o chapéu azul pode fazer comentários sobre aquilo que observa:

> *"Estamos dedicando muito tempo à discussão dessa questão. Vamos simplesmente anotá-la agora como um tópico que desperta pontos de vista conflitantes."*

> *"Parece que estamos nos preocupando excessivamente com o custo dessa operação, mas até este momento não determinamos se ela vai nos proporcionar algum tipo de benefício. Sem dúvida, era isso que deveríamos discutir primeiro."*

"José, você não pára de forçar a barra em favor dessa idéia. Já fizemos uma anotação sobre a grande probabilidade que ela tem de ser aceita e vamos examiná-la mais tarde. Acho que agora precisamos tentar outras alternativas. Essa fase é exploratória, e não argumentativa."

De tempos em tempos, a pessoa que está usando o chapéu azul apresenta uma visão geral daquilo que está acontecendo e do que foi realizado. É ela quem tem diante de si o mapa das possibilidades e é ela quem se encarrega de listar as alternativas que foram expostas.

"Vamos resumir o que conseguimos até o momento."

"Vou repassar os principais pontos da nossa discussão. Se alguém discordar da minha síntese, faça o favor de dizer."

É tarefa do indivíduo que está usando o chapéu azul dar forma ao que parece ter sido até então apenas uma discussão caótica.

Embora eu me refira a essa pessoa como a única responsável pela execução das tarefas pertinentes ao chapéu azul, sempre é possível contar com a participação de todos os membros do grupo nesse trabalho. De fato, quem está conduzido a sessão pode pedir aos presentes que coloquem o chapéu azul e desenvolvam a atividade em conjunto.

"Sugiro que façamos uma pausa. Proponho que coloquemos o chapéu azul e passemos os próximos minutos sintetizando individualmente tudo o que achamos que já foi obtido até o momento."

"Vamos ouvir um a um ao redor da mesa. Coloquem o chapéu azul e me digam até onde conseguimos chegar."

Além de ter a função de fazer resumos esporádicos do que está sendo produzido, a pessoa com o chapéu azul fica encarregada de redigir a conclusão final.

"Com o chapéu azul, penso que nossas conclusões foram as seguintes..."

"Todos nós concordamos que foram essas as conclusões a que chegamos?"

É tarefa do pensamento de chapéu azul fazer o resumo final e preparar o relatório. Isso não quer dizer que essa atividade deva ser executada por um único indivíduo (ainda que possa ser). Na verdade, cada participante da reunião adota a função pertinente ao chapéu azul para comentar com precisão e objetividade todo o pensamento que foi expresso.

Um dos papéis do pensamento de chapéu azul é ser um "fotógrafo" que observa e registra o pensamento que foi produzido e está ocorrendo.

CAPÍTULO

40

O pensamento de chapéu azul

O controle e a monitoração

O presidente.
A disciplina e o enfoque.
Quem está no comando?

NORMALMENTE, A PESSOA que preside qualquer tipo de reunião assume automaticamente a função pertinente ao chapéu azul. Ela mantém a ordem e garante que a pauta seja seguida.

É possível atribuir um papel específico de chapéu azul a outro participante que não seja o presidente da reunião. Esse indivíduo terá a tarefa de monitorar o pensamento de acordo com o esquema determinado pelo presidente. Talvez a pessoa escolhida para presidir não esteja qualificada para a atividade de monitoração do pensamento.

Quero enfatizar que qualquer um que participe de uma reunião pode exercer a função relativa ao chapéu azul.

> *"Estou colocando o chapéu azul para dizer que os comentários da Carla são inapropriados neste momento."*

> *"Vou colocar o chapéu azul para manifestar minha opinião de que estamos nos afastando do assunto central."*

"Meu pensamento de chapéu azul me diz que deveríamos definir esse tópico como um problema-chave e, depois, tentar enfrentá-lo – ou agora ou mais tarde."

O pensamento de chapéu azul garante que as regras do jogo sejam observadas. Esse aspecto disciplinar é de responsabilidade do presidente ou da pessoa apontada para usar o chapéu azul; mesmo assim, está aberto a comentários de qualquer participante.

"Estamos empregando o pensamento de chapéu vermelho. Queremos saber quais são seus sentimentos, e não os motivos que fazem com que você os tenha."

"Lamento dizer, mas esse é claramente um pensamento de chapéu preto. Portanto, não está de acordo com o atual momento da discussão."

"Essa não é a maneira de se tratar uma idéia com o pensamento de chapéu verde. Esperamos que você use o movimento, e não o julgamento."

"Mas essas são verdadeiramente informações de chapéu branco? Para mim, parecem mais emoções do tipo do chapéu vermelho."

"O papel do pensamento de chapéu azul é resumir o pensamento expresso até agora, e não argumentar em favor de uma das alternativas."

Na prática, há muita superposição entre as funções dos diferentes chapéus e não há necessidade de agir com muito rigor em relação a isso. Uma grande superposição pode ocorrer entre o pensamento de chapéu amarelo e o pensamento de chapéu verde. E ainda entre o pensamento de chapéu branco e o pensamento de chapéu vermelho, em decorrência da constante mistura de fatos e opiniões.

Também não é viável solicitar uma troca de chapéu a cada observação feita por alguém.

O importante é o fato de que, se um modo definido de pensamento foi estabelecido, os presentes *devem fazer um esforço consciente* para pensar nesse estilo. Se a determinação for pelo pensamento de chapéu amarelo, então é fundamental que seja empregado esse o tipo de pensamento.

Quando nenhum chapéu específico é solicitado, é desnecessário supor que cada comentário individual deva estar de acordo com um chapéu ou outro. Também é permitido que alguém faça uma observação sobre os procedimentos sem indicar formalmente que passou a utilizar o pensamento de chapéu azul.

Por outro lado, é essencial especificar os chapéus formalmente de tempos em tempos. Não é suficiente supor que o tipo de chapéu será identificado a partir da observação. É precisamente a disciplina de tentar seguir um modo de pensamento que é importante. Caso contrário, haverá um retorno ao estilo argumentativo.

Uma das principais tarefas de controle exercidas pelo pensamento de chapéu azul é interromper discussões.

– Acredito que o aumento nas vendas de carne de peru se deve a uma maior conscientização sobre a saúde."

– Para mim se deve simplesmente à queda dos preços.

A essa altura, alguém pode perguntar se existe alguma informação de chapéu branco capaz de elucidar essa questão.

"Já que não conseguimos esclarecer esse ponto, deveríamos anotar que foram apresentadas duas explicações di-

ferentes em relação a ele. Não precisamos decidir qual delas é a certa."

Assim, os dois pontos de vista são inseridos no mapa do pensamento. Nesse caso em particular, ambos podem estar corretos. Há outras situações em que as duas opiniões são mutuamente incompatíveis. Ainda assim, elas são anotadas. Uma discussão mais longa sobre o assunto pode ser conduzida posteriormente.

"Agora podemos retornar àquele ponto que não conseguimos resolver antes. Isso poderia ser encarado como uma política de preços predatória? Vamos nos concentrar diretamente nessa questão."

"Mauro acha que a garantia de mantermos preços especiais nos períodos de férias fará uma grande diferença nas vendas. Célia não concorda com essa idéia. Além disso, ela acredita que essa promoção pode acabar se revelando muito dispendiosa. Vamos examinar esse assunto por um tempo. O que o pensamento de chapéu branco tem a dizer? Se tivéssemos oferecido esse tipo de garantia nos anos anteriores, o que isso teria nos custado?"

Uma forma poderosa de tratar idéias opostas é supor que cada uma delas esteja correta em *determinadas circunstâncias.*

"Em que circunstâncias Mauro estaria correto? Em que circunstâncias Célia estaria com a razão?"

Desse modo, ambos os lados podem ser considerados certos. A etapa seguinte é verificar qual dos dois conjuntos de circunstâncias se aproxima mais da situação presente.

Essa mesma abordagem pode ser usada na avaliação de idéias utilizando-se o método do *melhor ambiente*. Qual seria o melhor ambiente para essa sugestão?

"Esse produto seria maravilhoso para uma grande organização com domínio do mercado. Já esse outro produto seria mais adequado para uma pequena empresa que esteja tentando conquistar um nicho do mercado. Bem, em qual desses dois perfis nós nos encaixamos?"

Há ocasiões em que a pessoa que está usando o chapéu azul tem que ser franca e direta:

"Parece que ficamos empacados nesta discussão. Vamos anotar os dois pontos de vista e voltar a isso mais tarde."

"Estamos usando o método de mapeamento, e não o método argumentativo. Se vocês têm opiniões diferentes, simplesmente as anotem. Não fiquem tentando provar que uma delas é certa e que a outra está errada."

"Vocês dois tiveram oportunidade de dizer o que queriam. Continuar agindo assim é brigar, e não foi isso que viemos fazer aqui."

"Vocês querem fazer o favor de parar de discutir?"

"Quero que cada um de vocês exercite um pouco de pensamento de chapéu amarelo com relação ao ponto de vista do outro. Isso deve acabar com a discussão."

A formalidade do pensamento de chapéu azul permite a qualquer pessoa ser muito mais direta do que seria aceitável em outros casos.

CAPÍTULO

41

Sumário do pensamento de chapéu azul

O CHAPÉU AZUL é o chapéu do controle. A pessoa que o usa é responsável por organizar o pensamento. Seu emprego significa pensar sobre o pensamento necessário para explorar o assunto em pauta.

Quem está com o chapéu azul atua como o regente de uma orquestra. É essa pessoa quem indica o momento em que os outros chapéus deverão ser utilizados.

Cabe a ela especificar os assuntos em relação aos quais o pensamento deve ser dirigido. O pensamento de chapéu azul determina o enfoque, define o problema e molda as perguntas. É ele que estabelece as tarefas de pensamento que deverão ser executadas.

Esse pensamento é responsável por sumários, visões gerais e conclusões. Esses relatos podem ser apresentados de vez em quando no decorrer do processo de pensamento e também no final da sessão.

Cabe ao pensamento de chapéu azul monitorar o pensamento e garantir que as regras do jogo sejam observadas. Ele interrompe os desentendimentos e insiste no tipo de pensamento voltado para o mapeamento. Uma de suas funções é manter a disciplina.

O pensamento de chapéu azul pode ser usado para intervenções ocasionais que requeiram um chapéu formal. Ele também é empregado para estabelecer o passo-a-passo de uma seqüência de operações de pensamento, as quais deverão ser seguidas do mesmo modo que uma dança obedece a uma coreografia.

Mesmo quando o papel específico do pensamento de chapéu azul é atribuído a determinada pessoa, qualquer participante da reunião pode apresentar comentários e sugestões usando esse chapéu.

CAPÍTULO

42

Os benefícios do Método dos Seis Chapéus

NA PRÁTICA, UMA DAS COISAS mais impressionantes a respeito da aplicação do Método dos Seis Chapéus é que as decisões parecem ser tomadas por si mesmas. No período do chapéu azul final, a decisão costuma já ser óbvia para todos os presentes. Na teoria, parece difícil acreditar nisso, mas na prática acontece numerosas vezes.

Na semana que se seguiu a uma breve descrição do método publicada no *Financial Times*, de Londres, recebi uma carta de um senhor que, juntamente com a esposa, havia passado um tempo procurando uma casa para comprar. Eles não conseguiam decidir se deviam ou não adquirir uma grande casa de campo. Haviam discutido o assunto durante algumas horas. Por fim, esse senhor sugeriu que eles usassem os chapéus do pensamento, sobre os quais lera no jornal. Ele escreveu a carta para me dizer que, em 10 minutos, foram capazes de chegar a uma conclusão – que deixara ambos satisfeitos.

Para aqueles que nunca experimentaram o método, pode parecer que os chapéus ajudam a explorar um assunto integralmente e que uma decisão específica ou um estágio de elaboração deva se seguir. Essa visão não leva em consideração o fato de que certos chapéus – o vermelho, o amarelo e o preto – são usados para avaliação, e não apenas para informação.

Se temos que dirigir até determinado local e as pessoas que deveriam nos guiar conhecem apenas vagamente as estradas que levam até lá, surgirá uma grande discussão sobre qual o melhor caminho a seguir. No entanto, se houver um mapa rodoviário mostrando todas as estradas, o volume de tráfego e os tipos de pistas, será fácil escolher a melhor opção. A decisão se torna óbvia para todos. É exatamente isso que acontece quando se emprega o Método dos Seis Chapéus.

Se não for possível tomar uma decisão, cabe ao chapéu azul final demonstrar por quê. Pode haver necessidade de se obterem mais informações sobre determinado aspecto. Talvez existam valores diferentes que sejam incompatíveis. Nesse caso, o chapéu azul final define um novo foco de pensamento, e este pode tornar-se a tarefa de uma nova sessão de pensamento.

Técnicas especiais

Com a utilização do chapéu azul final, é sempre possível introduzir técnicas especiais para se tomarem decisões, caso isso se mostre imprescindível. Essas técnicas não são mantidas à parte somente porque o Método dos Seis Chapéus está em uso. O fato é que elas só devem ser incluídas no processo quando for difícil chegar a uma conclusão. Na maior parte das vezes, elas não são necessárias e incorporá-las apenas impõe uma complexidade inútil.

Não é surpreendente

Não surpreende que, com o emprego do Método dos Seis Chapéus, uma decisão pareça criar a si mesma. Afinal de contas, quando fazemos nossas escolhas sozinhos, seguimos mais ou menos o mesmo processo (prós, contras, sentimentos, fatos). O Método dos Seis Chapéus cumpre todas essas etapas meticulosamente. Desse modo, aquilo que era realizado apenas na mente de um indivíduo passa a ser executado abertamente e de forma sistemática.

Do mesmo modo que em qualquer outro processo que envolva decisões, a escolha final pode ser difícil ou até mesmo inviável. Ela pode requerer o equilíbrio entre dois valores conflitantes ou depender de especulações sobre o futuro – e não existe nenhum modo de eliminar a incerteza quanto ao que está por vir. Nesse aspecto, há necessidade de projetar um caminho para a frente que seja capaz de abranger ambas as alternativas. Se isso não for possível e uma decisão ainda tiver que ser tomada, adota-se o pensamento de chapéu vermelho.

No fim, todas as decisões são realmente de "chapéu vermelho". Nós examinamos todos os fatores, mas a decisão final sempre é emocional.

Conclusão

A MAIOR INIMIGA do pensamento é a complexidade, pois ela acarreta confusão. Quando o pensamento é claro e simples, ele se torna mais agradável e ganha em eficiência. O conceito dos seis chapéus do pensamento é muito simples de entender. Também é muito fácil de usar.

Há dois propósitos principais no conceito dos seis chapéus do pensamento. O primeiro deles é simplificar o pensamento permitindo que a pessoa trate de uma coisa de cada vez. Em vez de precisar lidar ao mesmo tempo com emoções, lógica, informações, esperança e criatividade, ela é capaz de administrar cada um desses elementos separadamente. Como a lógica não é empregada para apoiar uma emoção meio disfarçada, essa emoção é manifestada com o pensamento de chapéu vermelho, sem a menor necessidade de ser justificada. O pensamento de chapéu preto pode então se ocupar do aspecto lógico.

O segundo propósito principal do conceito dos seis chapéus do pensamento é permitir uma *modificação* do pensamento. Se uma pessoa mantém uma atitude persistentemente negativa em uma reunião, pode-se pedir a ela que retire o chapéu de pensamento preto. Isso a faz ver que sua postura tem sido sempre negativa. Outra possibilidade é solicitar a ela que coloque o chapéu de pensamento amarelo. Essa é uma orientação direta para que seja positiva. Dessa maneira, os seis chapéus fornecem uma linguagem que é perfeitamente definida sem ser de modo nenhum ofensiva. O mais importante é que essa linguagem não ameaça o ego nem a personalidade de ninguém. Ao transformar o processo em uma espécie de interpretação de papéis ou até mesmo de jogo, o conceito dos chapéus torna possível requerer determinados tipos de pensamento. Os chapéus passam a funcionar como se fossem instruções simbólicas.

Não estou sugerindo que precisamos aplicar os chapéus do pensamento a todo momento de forma consciente. Isso é desnecessário. Mas, de vez em quando, podemos querer usá-los em uma seqüência formalmente estruturada e, em tais casos, temos que apresentar o esquema de antemão. É mais freqüente sentirmos vontade de colocar um chapéu ou outro com certa formalidade no decorrer de uma discussão. Também podemos solicitar a alguém que esteja participando da conversa que adote um deles. A princípio, isso pode parecer um tanto estranho, porém um pedido desse será considerado perfeitamente natural com o passar do tempo.

É óbvio que esse método será mais útil se todos os membros de uma organização estiverem a par das regras do jogo. Por exemplo, todos aqueles que têm o hábito de se reunir para discutir determinadas questões devem estar cientes do significado de cada um dos chapéus. O conceito funciona melhor quando se torna uma espécie de linguagem comum a todos.

Existem muitas empresas e instituições em que o simbolismo dos chapéus transformou-se efetivamente em parte da linguagem diária – como um meio de dirigir o pensamento de forma mais eficiente.

Informações sobre os próximos lançamentos

Para receber informações sobre os lançamentos da EDITORA SEXTANTE, basta cadastrar-se diretamente no site www.sextante.com.br

Para saber mais sobre nossos títulos e autores, e enviar seus comentários sobre este livro, visite o nosso site www.sextante.com.br ou mande um e-mail para atendimento@esextante.com.br

EDITORA SEXTANTE

Rua Voluntários da Pátria, 45 / 1.404 – Botafogo

Rio de Janeiro – RJ – 22270-000 – Brasil

Telefone (21) 2286-9944 – Fax (21) 2286-9244

E-mail: atendimento@esextante.com.br